Daniela Hutter

Das Yin-Prinzip

Entdecke deine weibliche Essenz

W0045902

GOLDMANN

 Dieses Buch ist auch als E-Book erhältlich

MIX
Papier aus verantwor-
tungsvollen Quellen
FSC® C014496
FSC
www.fsc.org

Verlagsgruppe Random House FSC® N001967

3. Auflage
Originalausgabe, August 2016
© 2016 Wilhelm Goldmann Verlag, München,
in der Verlagsgruppe Random House GmbH,
Neumarkter Straße 28, 81673 München
Umschlaggestaltung: UNO Werbeagentur, München
Umschlagmotiv: FinePic®, München
Lektorat: Mareike Fallwickl, Hof bei Salzburg
fm · Herstellung: cb
Satz: Fotosatz Amann, Memmingen
Druck: GGP Media GmbH, Pößneck
Printed in Germany
ISBN 978-3-442-22168-4

www.goldmann-verlag.de

Inhalt

An dich, liebe Leserin, lieber Leser

Das Yin-Prinzip offenbart sich als Weg zur weiblichen Essenz. Der weibliche Weg ist nicht an das Wissen und den Verstand gerichtet, sondern vielmehr an die erwachende Intuition und das umfassende Alles.

Der weibliche Weg des Lesens ist kein linearer, und als weiblicher Weg erfolgt nicht Wissensvermittlung von mir zu dir. Ich möchte in dir vielmehr eine Ahnung wecken vom Me(e)hr deines FrauSeins. So suchte ich in meinem Schreiben das Yin im Ausdruck. Dies bedeutet kreisförmig zu kommunizieren bzw. in Wellen. Es gibt nicht eines nach dem anderen, sondern ein Miteinander, das ineinander verschmilzt. Oberflächlich betrachtet, möchte man dort und da eine Wiederholung entdecken, der weibliche Weg offenbart darin jedoch das kreisende Tanzen, immer wieder.

Und zugleich fordert das Yang des Kommunizierens die Struktur und die Ordnung für das Buch. Für beides habe ich mein Bestes gegeben. Es ist ein weiblicher Tanz, das dem männlichen Führen folgt und dann doch in einen Genuss des Miteinanders verschmilzt. Letztlich folgt es der kosmischen Struktur: Das eine kann ohne das andere nicht. Yin und Yang.

Vieles, was ich hier für die Frau(en) ausgedrückt und aufgeschrieben habe, gilt auch für den Mann. Die Welt des (Er-)Lebens und der Erfahrungen ist dieselbe. Die Botschaft dieses Buches ist an die Frauen und das Weibliche gerichtet. Um diesen wertgeschätzten Raum, mich im Schreiben an die Frau richten zu dürfen, bitte ich das Männliche hier an dieser Stelle, für dieses Buch. Und lade von Herzen die Männer ein, es ebenfalls zu lesen und vielleicht die innere Frau zu entdecken.

Die Geschichten der Frauen, die in meinem Buch erzählt werden, sind alle real. Ich durfte sie sammeln und mit dem Einverständnis dieser Frauen veröffentlichen. Es geht mir nicht darum, mit jeder Geschichte auch sofort ein Patentrezept als Lösung anzubieten. Die Geschichten sollen vielmehr zeigen, wie ähnlich unsere Erfahrungen sind, und sie sollen uns Frauen miteinander verbinden, uns daran erinnern, wie individuell wir sind, wie einzigartig in unserem Sein. Impulse und Ideen als Unterstützung gibt es im ganzen Buch. So darf sich der Weg hin zur weiblichen Essenz als Tanz anbieten, als Aufforderung dort und da beim Lesen.

Dazu wünsche ich dir den Genuss, die Freude und die Lebendigkeit eines Tanzes.

Von Herzen, Daniela Hutter

Das Yin und das Yang

Unsere Welt ist aus dem Gleichgewicht geraten. Unzählige Kommunikationskanäle wie TV, Printmedien und Internet zeigen uns täglich die Missstände und Konflikte. Die Menschheit hat Wege gewählt, die offenbar in eine Sackgasse führten. Ein Ungleichgewicht ist sichtbar – überall. Ich sage: Es liegt an den Frauen, am Weiblichen, dieses Gleichgewicht wiederherzustellen. Dies ist kein feministisches Buch, das Ziel liegt auch nicht im Entweder-oder von männlich und weiblich, und ich betone ausdrücklich, dass ich das Männliche nicht abwerten will. Vielmehr möchte ich aufzeigen, dass es eine neue Ausgewogenheit der beiden polaren Energiequalitäten braucht.

Anhand dieses Buchs werde ich diesen Ansatz näher beschreiben und die Wege zu einer neuen Balance gemeinsam mit dir ergründen. Doch zuvor möchte ich dich auf eine Reise mitnehmen: Lass uns herausfinden, worin sich die Sichtweise von Yin und Yang begründet.

Die Dualität

In meinem Weltbild ist das Leben des Menschen von seiner Seele geprägt. Anders ausgedrückt: Die Seele erfährt sich in einem menschlichen Leben. Sie ist in meinem Verständnis zeitlos, pure Energie ohne Form und Geschlecht. Das menschliche Leben bietet der Seele eine Erfahrungswelt, die in Dualität eingebettet ist: Himmel und Erde, Berg und Tal, Dunkelheit und Licht – gegensätzlich. Und so erleben wir auch den Menschen: als Mann und Frau.

Um ein besseres Verständnis zu ermöglichen, möchte ich noch einen weiteren Aspekt hinzunehmen, der sich aus der Schöpfungsgeschichte anbietet. Den heiligen Schriften nach existierte zunächst »das Göttliche«, das »All-Eine« – man beschreibt es auch als das »Ich bin«. Das Entstehen der Welt und des Lebens vollzieht sich durch Trennung. Aus eins wird zwei und mehr. Und dann finden wir in allem Geschaffenen die Dualität: Zum »Himmlischen« kommt das »Irdische« hinzu, zum »Ich bin« des Göttlichen – das Du, der Mensch als Repräsentant des irdischen Lebens.

Auch der Mensch fügt sich in das System der Polarität ein und erlebt sich als Mann und Frau. Die Erfahrungswelt des Menschen ist durch Polarität definiert: oben und unten, außen und innen, heiß und kalt, hoch und tief. Und wenn wir noch eine weitere Ebene hinzuziehen, erkennen wir, dass auch der Mensch in sich selbst diese Dualität repräsentiert. Zum einen gibt es das menschliche Ich, mit dem er sich der Materie zuwendet, und auf der anderen Seite erlebt er das spirituelle Ich, den göttlichen Aspekt, den wir als Menschen alle in uns tragen und mit dem wir uns an die Spiritualität wenden.

Noch eine Erfahrung bietet sich an. Wir alle, Mann und Frau, tragen weibliche und männliche Anteile in uns. Jeder von uns findet in sich die »innere Frau« und den »inneren Mann«. Zwischen all diesen Prinzipien herrscht eine gewisse Wechselwirkung. Das eine beruht auf dem anderen, das eine ergibt das andere, das eine existiert nicht ohne das andere, und miteinander vereinen sie sich zu einem Ganzen. Es liegt in der Natur des Menschen, im wahrsten Sinn des Wortes, dass die Einheit und das Ganze die Grundlage allen Lebens sind. Sind Mann und Frau eins, entsteht neues Leben. Lebt der Mensch seine inneren Anteile ausgewogen, erlebt er sich »in seiner Mitte«. Dieses Bedürfnis der Einheit und Ausgewogenheit ist Weg und Ziel zugleich. Dies will die Seele im Menschen erfahren. Darin liegen die Lektionen der Bewusstseinsentwicklung begründet. Es ist das Bedürfnis nach Einheit, das wir tief in uns tragen. Die innere Frau und der innere Mann wollen in einer gleichwertigen Balance gelebt werden. Ebenso streben der menschliche und der spirituelle Anteil in uns danach, EINS zu sein. Die Trennung will sich auflösen, und beides will miteinander gleichwertig gelebt werden. Selbiges gilt für Mann und Frau und darüber hinaus für alle männlichen und weiblichen Aspekte, die für das Gleichgewicht in allen Bereichen des Lebens, der Gesellschaft und auf dem Planeten sorgen.

Eine kurze Reise durch die Geschichte

Ethnologische Studien zeigen, dass es in der frühen Phase der Menschheitsgeschichte eine Gesellschaftsordnung gab, die sich von der heutigen unterschied – im Hinblick auf das Machtverhältnis zwischen Männern und Frauen. In dieser Frühzeit war die Gesellschaft vom weiblichen Prinzip geprägt. Man kennt dafür den Begriff Matriarchat. Diese Bezeichnung setzt sich aus dem lateinischen mater (Mutter) und dem griechischen arché (Anfang) zusammen. Arché steht in seiner älteren Bedeutung für Ursprung. Aus dieser Sichtweise lässt sich erkennen, dass die Gesellschaftsordnung des Matriarchats keineswegs ein Herrschaftssystem der Frauen über die Männer ist, sondern aus dem Mütterlichen ihre Ausrichtung ableitet. Fürsorge und Lebenserhaltung bestimmten die ethischen Prinzipien. Dieses Gesellschaftssystem umfasste alle Dimensionen des Lebens: die familiale, die gesellschaftliche, die ökonomische, die politische und die spirituelle. Aufgrund des vorherrschenden Einflusses des weiblichen Prinzips lebten die Menschen in der mutterrechtlichen Gesellschaft besonders friedlich, harmonisch und im Einklang mit der Natur. Das Schöpferische, Heilende, Nährende, die friedliche Kraft des Weiblichen standen im Mittelpunkt, die Menschen waren in Einklang mit der Natur und den weiblichen Energien. So herrschte eine natürliche Koexistenz zwischen Frauen, Männern, Tieren, Pflanzen und Elementen. Doch auch diese Ordnung neigte wiederum zu Auflösungserscheinungen. Die Historiker gehen davon aus, dass die Frauen ihre Macht überreizten. Überall, wo Ungleichgewicht herrscht, lehnt sich die Minderheit auf. So gelang es anscheinend den Männern, die Vorherrschaft zu übernehmen. Das Matriarchat wurde vom Patriarchat abgelöst: vom System des geistig-männlichen Prinzips, das von da an mehr Anerkennung bekommen sollte als jenes, das auf die weibliche Struktur aufbaut. In der späteren Zeit, jener der »römischen Paternität«, erfährt diese Struktur der unumschränkten Herrschaft des Vaters bzw. des Mannes über seine Familie ihren Höhepunkt.

Die Frauenforschung berichtet weiter darüber, dass Frauen stets minderberechtigt waren. Die Gesellschaft war männerdominiert, und Frauen besaßen keine spezifisch weibliche

Lebensform. Ihr Lebens- und Handlungsspielraum war eng und von Männern bestimmt. Frauen waren in vielen Aspekten des Lebens und der Gesellschaft minderwertig in ihrer Stellung und vom Gesetz her dem Manne untertan. Hier zeichnete vor allem die Kirche dieses negative Frauenbild. Die Theologen des Mittelalters leiteten die Minderwertigkeit der Frau aus der Bibel ab. Sie argumentierten damit, dass Eva aus der Rippe Adams und nicht aus seinem Kopf oder seinem Herzen geschaffen worden sei. Die wenig wertvolle und entbehrbare Rippe gebe Auskunft über die Wertigkeit der Frau als Gespielin und Unterhalterin des Mannes. Frauen hatten vor allem in den niedrigeren Ständen weniger Rechte als Männer, galten als weniger intelligent und nicht selten als »hysterisch«. Vor allem starke, weise, kluge und einflussreiche Frauen entsprachen nicht dem damaligen weiblichen Rollenbild und wurden deshalb oftmals verleumdet. In den Frauen suchte man die Schuldigen, denen man all die dunklen Fantasien der Menschen zuschreiben konnte, und man beschuldigte die Frauen, mit dem Teufel im Bunde zu sein und in seinem Auftrag Schaden anzurichten. Durch diesen Glauben kam es ab dem Spätmittelalter zu den schrecklichen Hexenverfolgungen.

Der Weg der Frauen zur Wiedererlangung der Gleichberechtigung war und ist ein langer. Erst im 19. Jahrhundert formierte sich eine Frauenbewegung, die politische und wirtschaftliche Gleichberechtigung für die Frauen forderte. Der Durchbruch für die meisten Aspekte der Gleichberechtigung kam erst im 20. Jahrhundert.

Ein Blick auf die Gegenwart oder Yang im Überschuss

Ohne besonders kritisch gegenüber Gesellschaft, Politik oder Wirtschaft zu sein, lässt sich feststellen, dass unsere Welt nicht in ihrer Ordnung ist. Naturkatastrophen, Kriege, Flüchtlingsströme, ökologische Zerstörung und Ausbeutung sind allerorts erkennbar. Unternehmen und Wirtschaftsstrukturen brechen in sich zusammen wie instabile Kartenhäuser. Die Dynamik des Werdens hat eine Entwicklung genommen, die nicht heilsam ist. Die Welt ist bestimmt von einer äußerlichen, materiellen Wirklichkeit. Die Welt krankt am Streben nach Geld, Reichtum und Macht. Das Ziel »Wachstum« ist in aller Munde seitens Wirtschaft und Politik. Die Menschheit bewegt sich mit dem Bewusstsein an der Oberfläche und lässt sich verführen zu immer mehr, immer schneller, immer höher. Dadurch verliert sie den Kontakt zur Erde, zur Natur und vor allem zu sich selbst. Das Bewusstsein für Balance und Ausgleich gerät mehr und mehr in den Hintergrund. Die Gründe dafür sind vielfältig und die Erklärungen zahlreich.

Es geht mir hier nicht darum, einen Schuldigen zu nennen, sondern vielmehr darum, ein Bewusstsein für neue Wege zu eröffnen. Die Strukturen, die wir vorfinden, sind aus der männlichen Energie entstanden, jener des Wollens. Der Weg des Männlichen ist der Fluss nach außen, in Strukturen hineingerichtet, nicht nach innen, als Weg der Erkenntnis. Die bislang gültigen Werte und Mechanismen, mit denen man die Wirtschaft bediente, sind größtenteils zum Scheitern verurteilt, wenn man nicht erkennt, dass dem Business die weiblichen Qualitäten fehlen. Das Weibliche drückt sich eher durch

Formloses und Wesentliches aus, weniger planmäßig strukturiert. Die weiblichen Qualitäten betonen die inneren Bereiche
und jene in die Tiefe, sie suchen das Warum und den Sinn.
Der weibliche Weg ist sanft, aber machtvoll, umschließt alles,
integriert und findet den Kreis als Bild, das Miteinander.

Auch in Managementseminaren für Führungskräfte werden
Prioritäten auf Eigenschaften gesetzt, die ursprünglich dem
Weiblichen zugeschrieben wurden: Sozial- und Zukunfts-
kompetenz, emotionale Intelligenz, Diplomatie, Vertrauens-
würdigkeit, Verantwortungsbewusstsein. Nach neuesten em-
pirischen Erhebungen werden erfolgreiche Führungskräfte
und Unternehmen besonders durch die weichen Faktoren, die
sogenannten Soft Skills, gekennzeichnet. Die Schwerpunkte
verlagern sich, Wandel geschieht, wenn auch langsam. Smar-
tes Management durch Energiebalance beeinflusst in Zukunft
als wesentliches Erfolgskriterium das Wirtschaftsleben.

Ein neuer Zeitgeist scheint sich der Menschheit zu öffnen:
das Bedürfnis nach den weiblichen Qualitäten als Ergänzung
zu den männlichen Aspekten. In den östlichen Lehren werden
sie als Yin und Yang definiert. Nur wenn sie einander ergänzen, ergibt sich der Kreis. Er steht als energetisches Muster
für Heilung. Wenn die Dinge rund werden, sind sie in sich
heilsam. Wenn das Weibliche und das Männliche ihren Ausgleich finden, wird Neues daraus hervorgehen, als geheilter
Zustand des Vorangegangenen.

Das Milieu prägt das Individuum. Das lehrt uns die Wissenschaft. Wenn eine Gesellschaft ausschließlich in sehr männlichen Strukturen und Qualitäten funktioniert, wie wir es
bislang in Erziehung, Schule, Wirtschaft und Gesellschaft erleben, hat das auch Auswirkung auf die Menschen, auf Mann
und Frau. Ihr Leben bettet sich mehr und mehr in die männ-

lichen Aspekte ein. Die Qualitäten von Yang werden im Alltag dominieren. Das Milieu beeinflusst auf diese Weise das Individuum.

Ein Blick auf Yin und Yang

Wenn ich in diesem Buch die Begriffe »männlich« und »weiblich« verwende, meine ich nicht DEN Mann, DIE Frau – sondern vielmehr die Energie, die hinter allem steht und deren Struktur sowie Fließrichtung. Weibliche und männliche Energien sind niemals das Vorrecht von Frau oder Mann. Wir finden beide Energieformen sowohl in der Frau als auch im Mann. Wir tragen beide Anteile in uns, und jeder von uns besitzt seine ganz persönliche Mischung weiblicher sowie männlicher Energien. Es ist Teil der eigenen Seele und der eigenen Geschichte, wie das Verhältnis in uns angelegt ist und welchen Einfluss dies auf unser Leben hat. Es ist Teil unserer Lebensreise, ein Aspekt in unserem Lebensprozess des Bewusstwerdens. In der Ausgewogenheit liegt der Schlüssel zur Balance.

An dieser Stelle möchte ich auf das altchinesische Prinzip der Lehre von Yin und Yang zurückgreifen, das besagt, dass sich alles in der Natur in Paare gliedert, in Yin- und Yang-Energie manifestiert bzw. daraus entsteht. Yin- und Yang-Kräfte werden als die zwei Ursprungsenergien des Universums bezeichnet, und alles in unserem Universum hat entweder Yin- oder Yang-Kräfte. Yin ist die weibliche und Yang die männliche Ursprungsenergie. Sie gehören zusammen, sie lösen sich niemals auf. Die beiden Energien sind stets um Ausgleich bemüht. Yin wird benötigt, um Yang auszurichten.

Bringt man Yin und Yang in Einklang, verschmelzen sie, und aus dieser Vereinigung ergibt sich eine neue kraftvolle Energie.

Die Denkweise, die uns gelehrt wurde, liegt in einem Entweder-oder. Deshalb neigen wir dazu, die Erfahrungen und Themen mit besser/schlechter zu etikettieren. Aber gerade in der Betrachtung von Yin und Yang ist es essenziell, dass wir uns davon lösen und uns eine neue Sichtweise erlauben, die uns hinführt zu einem Sowohl-als-auch und der Erkenntnis, dass beides zusammen wichtig ist. Eines existiert durch das andere und im Miteinander liegen der Segen, das Werden und das Leben.

Sind die beiden Energien allerdings im Ungleichgewicht oder wird nur eine forciert, entstehen Störungen und Komplikationen. Der harmonische Tanz des Miteinanders misslingt, Trennung geschieht – mit unangenehmen Auswirkungen für alle Beteiligten. Auch dieses Bild ist gültig für alle Systeme und Bereiche des Lebens. An dieser Stelle deshalb einige Beispiele zur allgemeinen Unterscheidung von Yin und Yang:

Yin	Yang
weiblich	männlich
Nacht	Tag
Kälte	Hitze
hell	dunkel
passiv	aktiv
langsam	schnell
aufnehmend	erzeugend
Schwäche	Stärke
Stillstand	Bewegung
Tiefpunkt	Höhepunkt

weich	hart
unten	oben
rund	spitz
innen	außen
nährend	verbrennend
Erde	Himmel (Luft)
Mond	Sonne
Wasser	Feuer
Hingabe	Kontrolle
Gefühl	Verstand
Intuition	Wissen
Unterbewusstsein	Bewusstsein
Entspannung	Spannung
Leere	Fülle
traditionell	innovativ
natürlich	technisch
religiös	politisch
bildet Kreise	bildet Hierarchien/Fronten
Kooperation	Konkurrenz
Harmonie	Reibung
sein	tun
empfangen	geben
fühlen	denken

Diese unvollständige Liste zeigt: Jeder einzelne Aspekt ist in seiner Qualität wertvoll, ganz besonders dann, wenn sie sich in einem Miteinander finden.

Das Yin-Prinzip-Ritual
Erkunde das Level deines inneren Yin-Yang-(Un-)Gleichgewichts

Nimm dir Zeit für dich und sorge dafür, dass du ungestört bist. Schaff dir eine Atmosphäre, in der du dich entspannen kannst: Wähle sanfte Musik, schenk dem Raum einen Duft und dann setz oder leg dich bequem hin. Schließ deine Augen und lass dich von deinem Atem in deine innere Wahrnehmung führen. Erlaube dir, dich ganz in dich hinein zu entspannen. Gönne dir die Zeit, die es braucht, um ganz zu entspannen. Der Weiblichkeit nachzufühlen bedeutet, sich ihr ganz zu öffnen und ihr ganz den Raum anzubieten. Deine innere Yin-Präsenz kannst du nicht mit deinem Verstand ergreifen. Es ist die Yin-Präsenz selbst, die mit dir Kontakt aufnehmen und sich dir als innere Wahrnehmung offenbaren wird. Spannung hält dich im Modus von Yang. Spannung loslassen, bedeutet ent-spannen. Deshalb atme jegliche Spannung aus, lasse los und ent-spanne dich. Folge der Entspannung und dehne dich mit deinem Atmen aus. Werde ganz weich. Dann erlaube dir ein inneres Bild, eine innere Wahrnehmung: Spüre hin zum Yin. Nimm bewusst wahr. Und dann spüre hin zum Yang. Auch hier, nimm bewusst wahr.

Manchmal ist es einfacher, sich dazu das Bild einer »inneren Frau« bzw. eines »inneren Mannes« vorzustellen. Betrachte die beiden, ist ihre Präsenz gleichwertig? Erscheint dir einer der beiden größer, präsenter, ausdrucksstärker? Für weitere Klarheit wollen wir das Bild in eine Ziffer übersetzen. Dazu nützen wir eine Skala bis zehn. Deshalb bitte nun um eine Zahl für dein inneres Yin. Lasse deinen Verstand ruhen, stell dir nichts vor, erwarte keine bestimmte

Zahl. Erlaube, dass es deine innere Wahrnehmung ist, die dir die Antwort überreicht.

Dieser Wert informiert dich darüber, wie viel deiner Energie im aktuellen Moment dem Yin zugeordnet wird. Optimalerweise liegt er stets bei wenigstens fünf. Die Erfahrung zeigt, dass er bei vielen Frauen vor allem während des Alltags zumeist niedriger ist. Wenn dir die Wahrnehmung deiner inneren Anteile erst einmal vertraut ist, kannst du auch während des Alltags mit der Intention der »Yin-Abfrage« deinen Wert »abrufen« und ihn als Kompass für dein tägliches (Er-)Leben nützen.

Eine neue Zeit und das neue Bewusstsein

Unser Weltbild verändert sich. Eine neue Zeitqualität belebt die Strukturen. Die Dominanz männlicher Werte nimmt ab. Bekannte Systeme verändern sich. Bewusstsein verändert sich.

Die bisher vorherrschenden männlichen Qualitäten (Yang: Materielles, Rationalität, Logik, Verstand und Aktivität) treten zurück. Die weiblichen Qualitäten (Yin: Spiritualität, Emotionen, Intuition und Passivität, Hingabe, Empfänglichkeit) gewinnen wieder an Kraft. Ein neues Gleichgewicht darf sich bilden. Wenn das Körperliche (für welches Yang steht) mit der Seele (Yin) eins wird, unterstützen die beiden einander, weiten den Horizont und eröffnen das neue Bewusstsein, das durch das Miteinander die Zukunft verändern wird. Es ist der Prozess eines »globalen Gebärvorgangs«. Aus dieser Weisheit, die wir alle verborgen in uns tragen, kann ein neues Bewusstsein geboren werden: der weibliche Weg. In ihm offenbaren sich die Friedenskraft und der neue Weg für sämtliche Systeme. In unglücklichen Ereignissen wie Naturkatastrophen konnten wir immer wieder erleben, dass der Mensch die Fähigkeit zur Einheit in sich trägt, nämlich dann, wenn wir uns alle die Hände reichen. Hier durften wir stets erfahren: Keine Barriere hält Unterstützung und Zusammenhalt auf.

So bietet sich die Welt dem Menschen selbst zur Heilung an, und im neuen bewussten Sein liegt unsere Antwort. Als Frauen können wir uns selbst und der Welt die Hand reichen. So bringt sich das Weibliche als das Heilsame, als die Heilerin zum Ausdruck. Dank der weiblichen Energie ist sich der Mensch selbst Heiler, und so geschieht Heilung auch für unseren Planeten.

Die wahre Natur der Frau und die weibliche Essenz

Sabine schreibt: »Was ist Weiblichkeit?«
Das Thema Weiblichkeit beschäftigt mich schon eine
Weile. Innerlich gehe ich absolut in Resonanz mit dem
Begriff und dem Thema. Ich fühle »Ja, das ist mein
Thema«. Doch eigentlich habe ich keine Idee und keine
Vorstellung dazu. Deshalb meine Frage an dich: Wie
oder was ist wirkliche Weiblichkeit? Einerseits spüre ich,
dass ich keinen Kontakt zu meiner Weiblichkeit habe,
und andererseits scheine ich gar nicht zu wissen, wo-
nach ich mich überhaupt sehne. Kannst du mir eine
Anleitung geben, wie ich »es tun« kann? Wie kann ich in
meinem Leben in einem modernen Heute meine Weib-
lichkeit nicht nur entdecken, sondern auch leben? Ist
es überhaupt möglich, dass Frauen und Männer sich in
ihrem Alltag ergänzen? Ich habe das Gefühl, dass
Frauen als Frauen eigentlich immer »schwach« und be-
nachteiligt sind und dann gar keine Chance haben, ihre
Weiblichkeit zu leben.

Immer mehr Frauen (und Männer) sind erschöpft und ausge-
brannt. Burn-out-Erkrankungen nehmen zu. Meine Beobach-
tung zeigt, dass viele dieser Erkrankungen nicht auf »zu viel

Tun« zurückzuführen sind, sondern dass viel Energie »sinnlos«, im wahrsten Sinne des Wortes, verwendet wird. Energie ohne Sinn verliert sich, und dieser Verlust führt zum Erschöpfungszustand. So verwundert es nicht, dass Frauen wie Männer auf der Suche sind nach Sinn und Ziel im Leben und in der Welt. Alte Rollenbilder erfüllen sie nicht mehr. Uns Frauen eint der innerliche Seufzer »Da ist noch mehr in mir, das in die Welt möchte« – und der Seufzer wird begleitet vom Gefühl, »es« nicht greifen, nicht in Worte fassen zu können. »Es« ist ein Gefühl. So machen sich Frauen auf die Suche nach der Antwort auf das Bedürfnis, ihr Leben eigenverantwortlich und selbstbestimmt zu gestalten, in einem anderen Verständnis, als es ihnen bislang bekannt ist. Wir Frauen haben dafür kaum Vorbilder. Da ist zwar die Bewegung des Feminismus der Sechziger- und Siebzigerjahre im letzten Jahrhundert, dennoch fühlen viele Frauen, dass dies nicht der Weg ist, den sie heute wählen möchten. Jene Bewegung hat nach Gleichberechtigung gerufen, danach, dass Frauen dieselben Rechte und Möglichkeiten erhalten wie Männer. Dieser Feminismus ist nicht das Ziel im Kontext dieses Buchs. Die Frauen jener Zeit haben sich männlicher Qualitäten bedient: Die Energien waren kraftvoll, nach außen gerichtet, auf das Ziel fokussiert. Die Frauen haben sich für das Erreichen ihrer Ziele männlicher Eigenschaften bedient – nicht immer zum Wohle der inneren Frau. Denn es hat bewirkt, dass die Frauen in ihrem Inneren das Männliche als wertvoller und zielführender bewertet haben als die urweibliche Essenz. So wurde dem Männlichen stets mehr Aufmerksamkeit gegeben, es wurde energetisch stärker genährt. Dies ist auch eine Ursache dafür, dass der Anteil »des inneren Mannes« stärker wurde. Die Energie der inneren Frau wurde unbewusst und unbeabsichtigt zurückgedrängt. Als Ergebnis offenbart sich im Innen erneut dasselbe Bild wie im Außen: Ungleichgewicht zwischen Frau und Mann, Yin und Yang. Die Frau selbst bewegt sich heute beruflich und gesellschaftlich meist in einem Umfeld, das von männlicher Struktur geprägt ist: Technik, Geschwindigkeit, Ziele, Dynamik, Kraft, Wettbewerb und mehr, allesamt Faktoren, deren energetische Quelle im Yang liegt. Das äußere Milieu prägt den inneren Kern. Die Frau, ohnehin schon mit einer mehr als ausreichend inneren männlichen energetischen Präsenz erfüllt, findet sich auch im feinstofflichen Umfeld von Yang wieder. Das Außen nährt das Innen. Die männliche Energiestruktur des Umfelds verstärkt bei der Frau ihre innere männliche Energiestruktur. Unbewusst nährt sich die Frau auf der energetischen Ebene mit männlicher Essenz. Der weibliche Anteil hungert. Er schrumpft und verkümmert. Das Ergebnis ist, dass die Frau sich selbst immer weniger spürt und gar nicht mehr als ihr weibliches Selbst.

Es ist das Mehrheitsprinzip, das sich energetisch durchsetzt: Ist ein Anteil kleiner als der andere, überwiegt in der Endrechnung die Mehrheit. Anders ausgedrückt – ein Gleichgewicht würde bei 50:50 bestehen. Ist die männliche Energiestruktur der Frau durch die äußeren Einflüsse und die Gestaltung des Lebens stärker ausgeprägt, also mehr als jene 50 Prozent, dann übernimmt dieser männliche Anteil die Führung. Als Beispiel: Ist der Energielevel zu 65 Prozent yanggeprägt, regiert das Yang. Die Frau erlebt sich in ihrer energetischen Gesamtstruktur als eher männlich. Dies ist nicht so zu verstehen, dass die Frau biologisch zum Mann wird. Dennoch kann man oft beobachten, dass Frauen in ihrer Erscheinung, ihrem Äußeren, ihrem Verhalten und/

oder ihrem Ausdruck maskulin erscheinen, immer männlicher werden.

Wenn sich die Frau ihrem bewussten Sein öffnet, offenbart sich auf der emotionalen Ebene, dass die Frau Hunger nach sich selbst verspürt, eine Sehnsucht »nach ihrer wahren Weiblichkeit« in sich trägt, ihr wahres Frausein sucht und damit ihre innerste Essenz. Im Alltag nimmt sie meist zwei Schattenaspekte wahr. Der eine ist, dass sie sich als zu wenig weiblich fühlt bzw. (er)lebt. In all ihren Aufgaben und ihrem Tun wird ihre Stärke gefordert (»Ich stehe meinen Mann.«), oftmals kann man (gerade) nach dem Ende einer enttäuschten Liebe hören »Ich brauche keinen Mann, ich schaffe das allein«. Dies führt die Frau in einen stetig aktiven Modus, voller Dynamik, Anspannung, Fokus und Ziele. Allesamt Qualitäten des Yang.

Der andere Aspekt zeigt sich oft darin, dass die Frau aus diesem Defizit heraus zu sehr zum Weibchen wird. Entweder opfert sie sich im Versorgen und Bemuttern ihrer Familie und ihres Umfelds auf, findet darin vermeintlich zunächst die Freude, den Sinn und ihre Lebensaufgabe – und opfert trotzdem auch sich selbst, verliert die innere Verbindung zu sich.

Eine andere Möglichkeit, gerade bei jüngeren Frauen zu beobachten, ist, dass sie sich zu sehr in die Äußerlichkeiten des scheinbaren Weiblichen flüchten. Doch High Heels, Lippenstift, rotlackierte Fingernägel und ein tiefer Ausschnitt reichen nicht aus, um die innere Frau zu nähren, und sie stellen ebenso wenig die innere Verbindung zum wahrhaftigen Frausein her. Die Sehnsucht nach dem Ureigenen, nach echter, lebendiger und gelebter Weiblichkeit bleibt.

Die Frau kommt nicht umhin, sich selbst zu suchen, zu finden und zu entdecken.

Der Beginn der Suche

Nora schreibt: »Warum sind wir Frauen so?«
Ich stehe hier in meiner Küche, an einem Samstagnach-
mittag, und kümmere mich um den Haushalt und das
Essen. Ich bin 39 Jahre alt, ich habe zwei kleine Kinder,
einen Ehemann, ein schönes Heim, und mir fehlt es
eigentlich an nichts. Das Leben hat es sehr gut mit mir
gemeint. Doch ich spüre und fürchte, ich habe meine
Kräfte verschwendet: Da waren mein Perfektionswahn,
mein Kontrollwahn und mein Drang, es allen recht zu
machen. Warum verhalten wir Frauen uns so? Eigentlich
wollen wir es nicht und tun es doch. Ich sehe das auch in
meinem Bekannten- und Freundeskreis. Die Gesellschaft,
in der wir leben, kennt nur Überfluss und Wohlstand. Ich
erschrecke jedes Mal, wie verbissen und hart wir Frauen
oft zu uns selbst sind. Warum? Niemand zwingt uns
dazu, auf diesem Weg nach Anerkennung zu suchen?

Frauen spüren, dass ein Mehr für ihr Leben möglich ist. Doch etwas hindert sie anscheinend daran, diese innere Verbindung zu ihrer Essenz herzustellen, zu erkennen und zu leben. Die Ursachen dafür sind ebenso vielfältig wie die Lebens- und Familiengeschichten dieser Frauen. Dennoch gibt es einige Faktoren, die das Dilemma der Frau prägen:

1. Der Zellgeist
2. Die Opferrolle
3. Die Prägungen der Kindheit
4. Das kollektive Bewusstsein

In unserer genetischen Struktur lebt die Erinnerung an unsere Mutter und an unseren Vater, darüber hinaus auch an die Geschichte aller Vorfahren, bis hin zum Kollektiv des Weiblichen und Männlichen an sich. Über diese Linie wirken in ihrer Tiefe noch immer Prägungen als unbewusste Überzeugungen und unabsichtliche Handlungsmuster in uns Menschen, Frauen wie Männern.

Der Zellgeist

Wie ich in der kurzen Ausführung zur Historie[1] erläutert habe, wissen Frauen, wenn auch oft unbewusst, um die Macht, die im Weiblichen ruht. In unserem Unterbewusstsein liegt aber auch die Erfahrung als Erinnerung, dass Frauen diese Macht missbraucht haben, sodass das Männliche sich dagegen auflehnte, das System stürzte und das Ende des Matriarchats brachte. Etwas zu verlieren schmerzt. Es ist daher verständlich, dass man diesen Schmerz erneut vermeiden möchte. In anderen Worten, Frauen haben unbewusst Angst vor ihrer eigenen Macht, denn sie wissen (ebenso unbewusst), dass sie missbraucht werden könnte. Und Frauen scheuen oft davor zurück, ihre Macht anzunehmen, weil sie Angst haben, sie wieder zu verlieren.

Die Geschichte berichtet uns zudem von den existenziellen Gefahren, in der sich Frauen im Mittelalter befanden, wenn sie ihr eigenes Wesen leben wollten. Auch diese Prägung, dass es lebensgefährlich ist, seine wahre Essenz zu leben, tragen wir Frauen als zelluläre Erinnerung in uns. Dies wirkt für viele

---

1 s. Kap. Eine kurze Reise durch die Geschichte, S. 11

als Blockade, wenn es darum geht, die eigene innere Essenz zu zeigen und zu leben. Die (unbewusste) Angst siegt über die Sehnsucht nach der eigenen Wahrhaftigkeit und Kraft.

Anna schreibt: »Ich fühle mich eingeengt in (m)einer Frauenrolle«.

Wenn ich über die Leben der Frauen in meiner Familie nachdenke, nehme ich sie durch die Geschichte geprägt in ihrem Frausein wahr. Sie waren alle sehr hart im Nehmen bzw. sind es noch immer. Sie hatten meist keine männliche Hilfe. Die Frauen der Generation meiner Großmutter mussten ohne ihre Männer (nicht wissend, ob und wie sie aus dem Krieg zurückkehren würden) die Kinder erziehen und ums Überleben kämpfen.

Meine Mutter war ein Kriegskind. Sie ist ohne große Entbehrungen durch die Kriegsjahre gekommen, doch danach wurde sie sehr kleingehalten. Ihr wurde nur eine minimale Schulbildung zugestanden, man zwang sie in einen Beruf und erwartete später, dass sie die Rolle der Ehefrau, Mutter und Tochter einer pflegebedürftigen Mutter einnahm. Dem entsprach sie auch, aufopfernd, all die Jahre. Ich spüre sehr deutlich, dass ich diese Rolle nicht als weibliches Vorbild für mich übernehmen kann. Auch wenn ich meine Schwester (verheiratet, zwei tolle Kinder) und die Frauen in meinem Freundeskreis beobachte, erkenne ich immer wieder dasselbe und sehr klar abgesteckte Rollenbild. Das ist nicht das, was sich für mich nach Weiblichkeit anfühlt und was ich für mich will. Ich fühle mich eingeengt in einer vorgegebenen Frauenrolle, die ich nicht leben will und kann.

Annas Worte zeigen, dass die Prägungen, die wir aus der Vergangenheit in uns tragen, in der Gegenwart wirksam sind. Viele von uns haben die Mütter, Groß- und Urgroßmütter noch gekannt und von ihnen vorgelebt bekommen, welche Rolle die Frau einzunehmen hat. Für diese Generationen war es unmöglich, sich mit Fragen nach dem Sinn und dem Ziel des Lebens zu beschäftigen. Manche spürten noch die Auswirkungen des Krieges, und generell war das Leben der Frauen meist bescheiden. Wenn wir, aus der heutigen Sicht, wenige Jahre zurück in die Vergangenheit blicken, in die »goldenen Fünfzigerjahre«, sehen wir ein Frauenbild, das die Rolle der »perfekten Frau« klar definierte. Das Lebensziel war ein »guter Mann«, dem die Frau entsprechen und gefallen sollte. Das Regelwerk »Handbuch für die gute Ehefrau« erklärt sich von selbst. Die essenzielle Botschaft darin ist: »Der Mann ist der Mittelpunkt des Lebens, um ihn dreht sich die Rolle der Frau.«

Das Yin-Prinzip-Ritual
»Befreiung von Rollenbildern«

Nimm dir Zeit für dich und sorge dafür, dass du ungestört bist und dich wohlfühlst. Gestalte dir eine heilende Atmosphäre mit Musik, Duft und Kerze. Schließe deine Augen und sei bereit für eine Reise in deine Innenwelt. Genieße das Reisen, das Dunkel hinter deinen Augen, und nimm Platz in deinem innersten Raum, deinem Herzen. Lass dich in dich hineinsinken, entspanne dich und komme ganz in dir an. Visualisiere dich im Herzen der Knospe einer Rose und fühle, wie dich Blütenblätter einhüllen, zart, liebevoll. Sie umschließen dich. Der äußere Halt dieser Blätter mag sich wie Sicherheit anfühlen. Doch spüre auch dem nach, dass diese wunderschönen, zarten Rosenblätter um dich es dir unmöglich machen, dich zu zeigen. In der Knospe dieser Blüte bist du sicher vor der und unsichtbar für die Außenwelt. Atme zwischen die Rosenblätter, damit sich die Umhüllung lösen darf. Es entsteht Raum, ein sanfter Lufthauch umspielt dich nun. Dann bitte darum, dass sich dir Frauenbilder zeigen mögen, dass dir Frauen in deinem heiligen Raum des Herzens begegnen dürfen. Dies sind jene Frauen, deren Rollenbilder du unbewusst in dir trägst. Eine nach der anderen erscheinen nun in deinem inneren Tempel. Sie bilden einen Kreis um dich herum. Die meisten Frauen wirst du nicht kennen. Manche sind Familienmitglieder und gehören zum Kreis deiner Ahninnen. Nimm ihre Präsenz in deinem Raum als Geschenk wahr. Erlaube dir dazu die Zeit und atme bewusst hin zu jeder Frau. Spüre die innere Verbindung. Nun bitte die Frauen, ihre Rollenbilder wieder an sich zu nehmen, sodass du frei werden kannst für dein eigenes Sein. Du brauchst kein Rollenbild, das du erfüllen musst. Die Erwartungshaltung, wie du als Frau zu sein hast, soll dich nicht länger einengen. Eine Frau nach der anderen reicht dir nun ihre Hände, als ein zustimmendes »Ja. Sei frei von mir«. Und mit jeder Begegnung lösen sich die Rosenblätter, die dich einhüllen. Die Knospe erblüht und geht auf. Wenn der Kreis der Frauen, eine nach der anderen, dich freigegeben hat, ist da kein Rosenblatt mehr, das dich verhüllt und umschließt. Die Knospe der Rose hat sich in eine Blüte geöffnet, darin erscheinst du ganz als du. Deine innerste Essenz offenbart sich dir. Nun verweile in diesem heiligen Kreis, der dich umgibt. Genieße die Energie des Kreises, der als Bild immer Heilung bringt. Atme die Freiheit ein, atme die Heilung ein

und verankere dies bewusst mit deinem Atem in deinem
Energiefeld. Verweile in deinem Ritual entsprechend deiner
Zeit, wie es sich stimmig anfühlt. Dann komme behutsam
in deinen Alltag zurück.

Wenn wir im Alltag in alte Handlungsmuster zurückfallen, bedeutet das keineswegs, dass ein Ritual falsch ausgeführt wurde oder nicht wirkt. Das Leben ist ein stetes WerdenWerden und ruft uns immer wieder zur Bewusstheit auf, damit wir lernen, uns selbst wahr-zunehmen, im wirklichen Sinn des Wortes. Solltest du im Alltag erleben, dass du wieder und wieder die alten oder fremdbestimmten Rollenbilder erfüllen möchtest oder danach suchst – erinnere dich an die Rose und an die innerste Essenz. Das bist du. Manchmal können die Rosenblätter (als Bild für die Frauen, die dich mit ihren Rollen umhüllen) auch unterstützend wirken und ein Gefühl von Halt geben. Doch, du bist einzigartig, und deine Seele will erblühen wie eine Rose. Wenn du in deiner Kraft und ureigenen Essenz bist, verspürst du keinen Bedarf nach Halt. Die innere Aufrichtung aus dir selbst ist dir Halt genug.

Ich habe es mir deshalb zur Gewohnheit gemacht, stets eine Rose auf meinen Altar zu stellen. Sie erinnert mich an mich selbst und an die kostbare Knospe, die mein eigenes FrauSein ist. Wenn ich ihr frisches Wasser gebe, verankere ich damit in meinem Bewusstsein, dass nur ich es bin, die mein eigenes FrauSein nähren und pflegen kann, damit ich zu meiner eigenen Schönheit erblühe, von innen heraus.

Eine andere Möglichkeit, dieses Bewusstsein im Alltag zu verankern, ist das Tragen von offenen Blüten als Schmuck, im Haar oder als Ansteckblüte an der Kleidung.

Melanie schreibt: »Ich will endlich leben!«

Ich habe sehr jung geheiratet. Bei meiner Hochzeit war ich bereits schwanger. Mein Mann wollte, dass ich einen Ehevertrag unterzeichne. Ich habe unterschrieben und einfach gehofft, dass alles gut wird. Es wurde aber nicht wirklich gut. Mein Traum von einer heilen Familie hat sich nicht erfüllt. Mein Mann war in seinem Beruf erfolgreich. Ich kümmerte mich um die Kinder und hielt ihm in allen Belangen den Rücken frei. Oft hatte ich trotzdem ein schlechtes Gewissen und dachte, ich würde zu wenig für ihn und die Familie tun. In meiner Wahrnehmung opferte er sich für die Familie auf und nahm beispielsweise den langen Weg zur Arbeit auf sich. Meine eigene alltägliche Leistung sah ich nicht. Lächelte ich ihn zur Begrüßung an, wenn er nach Hause kam, hörte ich: »Du hast gut lachen!« Mir fehlte seine Anerkennung für mein Tun. Er hat mich immer wieder auf diese Weise verletzt, und ich fühlte mich immer nutzloser. Ich begann, in Teilzeitjobs zu arbeiten und erledigte auch zu Hause alles, damit mein Mann sich abends und am Wochenende ausruhen oder seinen Hobbys nachgehen konnte. An mein Bedürfnis nach Erholung habe ich nie gedacht. Auch als Frau hab ich mich in dieser Zeit verloren. Ich fühlte mich nicht als Frau, hatte keine Lust auf Zweisamkeit oder Zärtlichkeit. Ich dachte, ich sei frigide, und fühlte mich schuldig an allem, was falsch lief. Ich war nicht gut genug. Es heißt doch: »Liebe dich selbst und es ist egal, wen du heiratest.« So versuchte ich noch mehr, »lieb zu sein«, und dennoch bekam ich weder Wertschätzung noch Anerkennung von meinem Mann. Ich wurde immer unglücklicher und unzufriedener. Dennoch fand ich nicht den Mut, etwas zu verändern oder mich gar zu trennen. Wie sollte ich die Kinder mit meinem Verdienst gut ernähren können? Ich hatte ja unterschrieben, dass ich im Falle einer Trennung nichts bekäme. Und der Gedanke, eine Familie zu zerstören, war mir unerträglich. Weil ich keinen anderen Weg sah, vergingen viele Jahre einfach so.

Es war eine Freundin, die stets an meiner Seite war und mich unterstützte. Sie war es, die mich immer wieder erinnerte und mir aufzeigte, was ich alles leistete. Sie rief mir auch immer wieder ins Gedächtnis, dass ich Freude am Leben haben durfte. Mit der Zeit fühlte es sich an, als ob ich ein Doppelleben führte. Abends wenn mein Mann nach Hause kam, erstarrte ich innerlich und versuchte, alles zu seiner Zufriedenheit zu machen. Tagsüber lebte ich und fühlte mich lebendig. Doch in mir zerriss mich das, und mir wurde zunehmend klar, dass ich etwas verändern musste.

Da waren Menschen, die mir gegenüber Wertschätzung zeigten, für das was und wie ich bin. Daraus schöpfte ich Kraft, Stärke, Zuversicht. Ich dachte immer wieder über Trennung nach, dennoch brauchte es Zeit. Irgendwann war der innere Druck so groß und mir war bewusst: »Auch wenn ich nichts habe und nur mit einer Matratze auf dem Boden liegen muss, möchte ich endlich leben, ich möchte die Freude zeigen dürfen, ohne dass sich jemand angegriffen fühlt oder es mir übelnimmt.« Ich wollte Liebe leben und in meinem Leben Liebe erfahren dürfen. Der Zeitpunkt der Trennung zeigte sich, ich wagte den Schritt, trotz der Angst, wie ich mich – inzwischen mit Vollzeitjob – über die Runden bringen sollte.

Die Kinder waren groß, und ich war nicht mehr direkt verantwortlich für sie.

Heute frage ich mich: Warum habe ich so lange gewartet? Warum habe ich es all die Jahre hingenommen? Warum hab ich so viel Zeit vergehen lassen und vergeudet?

Die Opferrolle

Frauen haben über Generationen hinweg keine Wahl gehabt. Das Leben, das sie lebten, hatten sie auszuhalten. Sich dagegen aufzulehnen wäre lebensbedrohlich gewesen. Diese Erfahrung tragen wir alle in unserem Zellbewusstsein. Es ist eine Erfahrung der Opferrolle. Die Opferrolle koppelt sich immer an die Position des Minderwertigkeitsgefühls.

»Ich bin es (mir) nicht wert.«

»Ich kann das nicht«.

»Ich schaff das nicht« sind die (unbewussten) Prägungen, die wir dazu in uns tragen. Auch die Erfahrungen dazu sind im Zellbewusstsein abgespeichert und stammen nicht ausschließlich aus dem eigenen Erleben. Vieles wurde uns von unseren Müttern, Großmüttern, Tanten vorgelebt. Wir haben die Klagen und Beschwerden über ihre Lebenssituationen gehört. Und wir haben auch ihre Parole gehört: »Es gilt auszuhalten. Denn wir haben keine andere Wahl.«

All dies wirkt in uns, und unbewusst folgen wir denselben Wegen und Spuren. Wir verhalten uns wie die Frauen vor uns. Obwohl sie die Unzufriedenheit für das eigene Leben spürten und die Leere, die sie traurig machte, wagten sie es nicht, aufzubegehren und etwas zu verändern. Der Mann sichert das Überleben, und ohne (Ehe-)Mann war Frau nichts wert. In meiner Arbeit begegnen mir viele Frauen, die diese Überzeugung noch immer in sich tragen und sogar formulieren, ähnlich wie Melanie.

Die »Opferrolle« lehnen wir ab, wir weisen sie von uns. Wer will schon ein Opfer sein? Wer will zugeben, dass er keine Handlungsvollmacht hat? In der modernen Sprachwahl benutzen wir eher den Begriff »Komfortzone«. Das Bild ist dasselbe. Frauen ziehen es zumeist vor, innerhalb dieser Komfortzone zu verweilen, sie bietet scheinbare Sicherheit. Bloß keine Veränderung! Nur keine unbekannte Situation und keine Unsicherheit! Diese ist ein gutes Argument dafür, sich der innersten weiblichen Essenz zu verschließen. Zum einen ist in unserem Zellbewusstsein verankert, dass es gefährlich war, sich als Frau selbst zu finden, sein Potenzial auszudrücken und der Welt zu zeigen.

Zum anderen würde das Verlassen der Komfortzone bedeuten, dass man sich der Veränderung öffnen muss. Die eigene innere Wahrheit ins Bewusstsein zu holen und nach diesem Kompass das Leben auszurichten, bedeutet Veränderung. Es ist der Fluss des Lebens. Niemand weiß im Vorherein, wie das Umfeld reagiert, wenn eine Frau plötzlich ihre Bedürfnisse äußert und Veränderung einfordert. Es kann gut sein, dass das Umfeld mit Ablehnung reagiert und auf einen bekannten Mechanismus zurückgreift: Liebesentzug. Beides bedeutet Schmerz. Die Frau kennt diesen Schmerz und möchte ihn vermeiden. Deshalb verschließt sie sich diesem inneren Prozess. Besser, es bleibt alles so, wie es ist, denn dann weiß man wenigstens, was man hat bzw. eben nicht hat. Dann ist das Leben berechenbar und scheinbar sicher. Doch die Leere bleibt ebenfalls. Genau wie die Sehnsucht nach Sinn und Ziel. Und die Erfahrung zeigt, dass diese Leere und die Sehnsucht als gefühlter Schmerz zu uns zurückkommen. Der Mangel verletzt und erinnert. Spüren wir Schmerz, dürfen wir davon ausgehen, dass es sich um einen Mechanismus unserer Seele handelt, uns zu zeigen, dass wir den eigenen Seelenweg verlassen haben. Ablenkung funktioniert nur vorübergehend. Auch das weiß die Seele.

Die Opferrolle hat viele subtile Muster. Eines der häufigsten, die wir (er)leben, nenne ich »Später«. Viele Frauen verwenden dieses Wort. Jetzt ist es nicht möglich – doch die Hoffnung stirbt zuletzt, denn später – ja Später ... wenn endlich alle Arbeit getan ist, wenn die Kinder aus dem Gröbsten raus sind, wenn die Schulden abbezahlt sind, später, wenn ich in Rente bin – dann, ja dann ... kann ich das Leben entsprechend meiner inneren Bedürfnisse verändern und meine Träume leben. Mit dem Programm »Später« zeigen wir uns einerseits selbst zuversichtlich, dass wir »es« irgendwann tun können. Wir schwächen damit die Blockade »Ich kann es nicht« ab. Dieses Muster wäre viel leichter zu durchschauen. Doch mit »Später« wählen wir ein Aufschiebemodell, das vordergründig akzeptabel ist und als gute Erklärung dient, warum wir die notwendige Veränderung jetzt nicht wagen können. Mit »Später« begeben wir uns letztlich in das Feld der Ausreden. Wir reden uns selbst aus zu ergründen, wer wir wirklich sind, und dem Ruf der Seele zu folgen, hin zur Essenz unseres Frauseins. Später-Begründungen liefern scheinbar gute Argumente, warum der jetzige Zeitpunkt nicht der richtige ist, und bestätigen die Absicht, sich auf die Veränderung einzulassen – später, wenn die Voraussetzungen besser sind. Die Erfahrung zeigt, dass gerade solche »Später-Künstler« stets ein weiteres »Später« parat haben. Ich weiß, wovon ich schreibe, denn ich gehörte lange Zeit selbst dazu.

Seele hat mit dem Programm »Später« keine Freude. Seele wünscht sich das Programm »Jetzt«, deshalb hat sie auch den Kanal »Bewusstsein« und »Erwachen« gewählt. An dieser Stelle möchte ich ausdrücklich darauf hinweisen: Trägt die Frau erst einmal den Gedanken in sich, dass ihr etwas fehlt, gibt es nur den einen Weg – nämlich den hin zu sich selbst, jetzt sofort. Seele ist erwacht. Und Seele führt durchs Leben, um Entwicklung zu bringen. Sie will immer das ganze Potenzial entfalten. Wenn wir uns auf der menschlichen Ebene dagegen wehren, weiß Seele stets eine Möglichkeit mehr, um zu kommunizieren. Ereignisse wie Schmerz, Krankheit, Schicksalsschläge holen uns dann oft aus dem Trott des unbewussten Lebens und des Verdrängens heraus. Eine Not-Wendigkeit entsteht. Die innere Frau ist in Not, sie will endlich ihren Lebensraum bekommen.

Eine Veränderung hin zu sich selbst bedeutet nicht zwingend, das alte Leben aufzugeben. Es bedeutet nicht, den Partner und die Familie verlassen zu müssen. Sehr wohl aber wollen alte Gedankenmuster erkannt und verändert werden, Situationen wollen neu (er)gelebt, das Leben anders gestaltet werden. Eigene Bedürfnisse wollen wahrgenommen werden und dürfen Erfüllung finden. Denn es gehört zu unseren Geburtsrechten, respektiert und geliebt zu werden, so, wie wir sind. Unsere individuelle Einzigartigkeit wehrt sich gegen Anpassung. Sie möchte Wertschätzung zu erfahren, Lebensfreude spüren, der gelebten Liebe begegnen, eine erfüllende Sexualität leben. Und allem voran will gelebt werden: »Ich bin (mir) wichtig. Ich bin die wichtigste Person in meinem Leben.«

Für viele Frauen heißt dies, Kontakt mit ihren Träumen aufzunehmen und daran zu glauben, dass diese auch wahr werden dürfen. Es darf möglich sein, dass die Frau um ihre

Bedürfnisse weiß, Zeit für sich findet, ihren Interessen nach-
geht, Geld für sich ausgibt.

Dennoch kann man oft beobachten, dass Frauen an einem
solchen Punkt ihr Leben radikal ändern. Auch das ist verständlich und nachvollziehbar. Denn viele folgten schon in
jungen Jahren den kollektiven Spuren und gingen nie eigene
Wege. Sie erfüllten immer nur die Erwartungen und Vorgaben
anderer. Die Sehnsucht nach der eigenen Wahrheit und dem
eigenen Erleben wird irgendwann so groß, dass diese radika-
len Veränderungen notwendig erscheinen. Die Entfernung
zwischen der innersten Wahrheit und dem alltäglichen Leben
kann nicht mehr mit einer Brücke verbunden werden. Diese
Frauen suchen sich neue Berufe, leben endlich ihre Talente
und beenden bereits leere Beziehungen.

Das Yin-Prinzip-Ritual
»Der Blick aus der Komfortzone«

In erster Linie halten unsere Ängste und Unsicherheiten
uns in der Komfortzone fest. Unser Verstand ist ein zuver-
lässiger Türsteher und hindert uns daran, die Komfortzone zu verlassen. Dies tut er, indem er die Armee der
Ängste aktiviert. Er lässt sie gegen die Veränderung auf-
marschieren. Jede Variante von Angst, jede Möglichkeit der
Konsequenz formuliert er. Alles, was er dazu je gehört, beobachtet, gelesen oder erlebt hat, nutzt der Verstand, um
die Tür aus der Komfortzone hinaus ins »richtige Leben«
verschlossen zu halten. Die gute Nachricht lautet: Dieses
volle Programm an Ängsten und Konsequenzen wird niemals eintreten. Wir werden es nie mit dem ganzen Heer zu
tun haben. Die eine oder andere Konsequenz wird sich aus
der Veränderung ergeben, dort oder da werden durchaus

auch Hürden zu bewältigen sein, aber niemals ALLE. So mach dich mit deinen (scheinbaren) Ängsten und Unsicherheiten, die dich (noch) begrenzen, vertraut:

Schaff dir eine Atmosphäre, in der du ungestört bist. Dann nimm die Situation, die du in deinem Leben verändern möchtest. Fühle dich in die Situation hinein und beschreibe sie. Benenne auch die Maßnahmen und die Schritte, die für eine Veränderung nötig sind. Dann liste alle möglichen Konsequenzen, alle Unsicherheiten, alle Ängste, alle Reaktionen, alle Konfrontationen, die eintreten könnten, auf. Sei gründlich und erkenne, wie umsichtig dein Verstand ist. Wie gut er alle Eventualitäten prüft.

Dann fühle dich in all deine Notizen ein und spüre, ob es welche gibt, mit denen du nicht in Resonanz gehst, vor denen du dich vielleicht gar nicht wirklich fürchtest. Hab den Mut und streiche sie von der Liste. Andere Punkte werden übrig bleiben. Sie haben durchaus Berechtigung. Nun fühle wieder Wort für Wort nach:

- *Wie könntest du dieser Reaktion begegnen?*
- *Welche Möglichkeiten hast du, um dir mehr Sicherheit zu geben?*
- *Wo bekommst du Unterstützung?*

Mache dich mit deinen Widerständen vertraut.

Das Ziel dieses Rituals ist es, dass sich Herz und Kopf die Hand reichen und ein Team werden. Wenn wir uns mit den Begrenzungen unserer Komfortzone vertraut machen, können wir auch die Wege, die aus ihr hinausführen, entdecken. Damit eröffnen wir uns die Möglichkeit zur Veränderung und zu einem Me(e)hr von unserem Leben.

Die Prägungen aus der Kindheit

Wir tragen alle Prägungen in uns, die wir in unserer Kindheit und Jugend gesammelt haben. Als junge Seele, als kleines Kind kommen wir auf die Welt, wir sind bereit, Erfahrungen zu machen und uns zu entwickeln, indem wir lernen. Als Menschenkinder wissen wir nur unbewusst um unsere Seele. Der Fokus ist auf das Leben ausgerichtet. Als sehr junge Kinder identifizieren wir das eigene Ich kaum als solches. Wir sind eng in Kontakt mit unserer Umgebung und unterscheiden kaum zwischen dem Du und dem Ich.

So liegt es an der Umgebung, welche Basis wir für die Themen unseres Lebens bilden. Vor allem unsere Familie und das, was man »Erziehung« nennt, beeinflussen uns direkt und aktiv. In erster Linie sind es unsere Eltern, Verwandte und andere Vertrauenspersonen, deren Verhaltensweisen wir als Kinder als unsere Vorbilder definieren. Wir übernehmen auch ihre Projektionen und Gedankenwelten. Im Laufe des Erwachsenwerdens folgen wir meist unbewusst diesen Verhaltensmustern. Wenn unsere Mütter oder Väter und andere Bezugspersonen uns durch subtile Kommunikation oder entsprechende Handlungsweisen ihre Anschauungen vermittelt haben, prägen diese unsere Beziehungen und unsere Wahrnehmung von weiblichen und männlichen Rollenbildern. Dies beeinflusst wiederum die eigene Einstellung hinsichtlich der Qualitäten von Frau (Yin) und Mann (Yang). Oft schlummern solche Prägungen und Handlungsmuster in unserem Unterbewusstsein und sind dort dennoch aktiv. Sie steuern automatisiert unsere Verhaltensweisen, teilweise oder zur Gänze.

Dazu (m)ein Beispiel:

Viele Jahre hat mich ein Thema der Sexualität begleitet. Sie zu genießen schien nicht möglich. Hingabe wollte ich mir nicht erlauben. Ich wollte die Situation bestimmen und die Kontrolle über das Geschehen nicht verlieren. Dabei konnte ich mich an keine traumatischen sexuellen Erfahrungen erinnern. Meine Partner waren stets liebevoll. Dennoch war ich über Jahre wie abgeschnitten von Freude und Lust an Sexualität.

Immer wieder suchte ich nach der Ursache, bis ich mich eines Tages an ein Ereignis erinnerte: Ich war ungefähr 15 Jahre alt und zu Besuch bei meiner damals besten Freundin. Ihre Mutter erzählte uns von ihren sexuellen Erfahrungen in ihrer Ehe und davon, wie froh sie jedes Mal sei, wenn die paar Minuten des Verkehrs vorüber seien. Und sie führte aus, dass, wenn endlich ihre Menopause käme, diese Geschichte (sie meinte den Sex mit ihrem Mann) ein Ende finden würde und vorbei wäre. Die zentrale Botschaft, die ich aus dieser Erzählung in mein kindliches Frausein übernommen hatte, war: Sex macht keinen Spaß. Frauen stehen wohl zur Verfügung, aber viel mehr als ein notwendiges Übel der Pflichterfüllung gegenüber dem Ehemann bzw. Partner kann (oder muss) es nicht sein. Ich war wie paralysiert, als ich diese Erinnerung entdeckte und ihre Prägung entlarvte. Mir war augenblicklich klar: Dies war die Ursache für meine Blockade. In spirituellen Ritualen löste ich die Programmierung auf und gab die Energie an die Absenderin zurück. Danach begann für mich ein neues Erleben meiner eigenen Sexualität, ich konnte mich dafür öffnen, hingeben und fallen lassen.

Das Yin-Prinzip-Ritual
»Rückgabe von Prägungen«

Nimm dir Zeit für dich und sorge dafür, dass du ungestört bist und dich wohlfühlst. Ich kreiere mir dazu eine »heilende Atmosphäre« mit Musik, Duft und Kerzen. Dann schließe deine Augen und sei bereit für eine Reise in deine Innenwelt. Genieße das Reisen, das Dunkel hinter deinen Augen, und nimm Platz in deinem innersten Raum, deinem Herzen. Lass dich in dich hineinsinken, entspanne und komme ganz in dir an ... dann verbinde dich mit dem Gefühl jener Prägung, die du bereits in deiner Kindheit, deiner Jugend oder den frühen Jahren deines FrauSeins wahrgenommen hast. Oder wähle einfach die Absicht, dass jetzt die Zeit ist, dich von Prägungen, die dir bekannt oder unbekannt sind, zu lösen. Erlaube deinem Atem, dich zu unterstützen und diese Intention in dir ganz präsent zu machen. Bitte nun dein Unterbewusstsein, dir jene Person(en) zu zeigen, die dafür verantwortlich waren, dass du die Prägung erhalten hast. Eine Person nach der anderen. Visualisiere nun ein Schatzkästchen in deinen Händen und mit deinem Atmen. Erlaube der Energie der Prägung, in dieses Schatzkästchen zu fließen. Wenn du fühlst, dass all die Energie in diesem Schatzkästchen ist, dann schließe es und überreiche es an die Person vor dir mit Worten wie: »Danke. Ich gebe dir diese Energien zurück. Sie sind nicht meine. Für eine Weile habe ich sie übernommen, sie haben mich in meiner Entwicklung unterstützt, dafür danke ich dir. Doch nun ist es getan. Ich bin davon frei.« Die Person vor dir nimmt das Schatzkästchen aus deinen Händen. So fahre fort, Person um Person, so viele, wie sich in diesem Ritual zeigen möchten. Reich ein Schatzkästchen nach dem anderen zurück. Es ist nicht mehr dein Thema und liegt nicht in deiner Verantwortung, was mit diesen Energien geschieht. Sie darf sich in dir lösen. Alles, was nicht zu dir gehört, dich hindert an deinem wahrhaftigen Sein, darf gehen. Gib es zurück in die Verantwortung jener, die es ausgelöst haben. Wähle dazu den Zeitraum, der für dich stimmig und passend ist. Und spüre in dir nach, wie du dieses innere FreiWerden wahrnimmst. Verankere das Gefühl mit mehreren tiefen Atemzügen in dir. Öffne entsprechend deiner dir stimmigen Zeit behutsam die Augen und komme wieder zurück in deinen Alltag.

Es ist menschlich, dass wir in Momenten der Unbewusstheit scheinbar automatisch in alte Handlungsmuster zurückfallen und sich alte Gedankenkonzepte zeigen. Das bedeutet nicht unbedingt, dass die Prägungen wieder aktiv sind. Wenn du sie erkennst, nimm einen tiefen Atemzug, atme bewusst aus, hin zum imaginären Schatzkästchen und dessen Besitzer, und schicke einen Gedanken nach: »Ich hab noch weitere Energien für dich.« Löse dich mehr und mehr von diesen alten Prägungen und habe Geduld für deinen Weg der Ent-Wicklung. Erlaube dir die Zeit deines Wachsens und Werdens.

Das kollektive Bewusstsein

Das Bewusstsein des Einzelnen ist nicht getrennt von jenem der anderen Menschen. Alle Menschen sind über das morphogenetische Feld verbunden. Dabei werden Gedanken und andere Schwingungen in den Raum um uns hinausgestrahlt und können von anderen aufgenommen werden. Aus diesem allumfassenden Bewusstseinsfeld können umfangreiche Informationen aufgenommen werden, bewusst und unbewusst. Es dient als mentale Verbindungsebene zwischen den Menschen. Untersuchungen zeigen, dass vor allem Menschen desselben Kulturkreises darin Erfahrungen, Glaubensvorstellungen, Gefühle und Eindrücke teilen. Man kann es sich so vorstellen, dass wir mit dem morphogenetischen Feld eine Basis für unser Bewusstsein teilen, durch das wir auf dieselben Konzepte des Bewusstseins zugreifen, die darin gesammelt, archiviert und gespeichert sind.

Im Kontext mit dem Thema des Buchs bedeutet dies, dass wir Frauen von Prägungen und Glaubenssätzen unbewusst gesteuert werden, die nicht aus unserer eigenen oder nahen Erfahrungswelt stammen. Umso wichtiger ist es zu »erwachen«, das eigene Leben bewusst wahrzunehmen und selbst die »Herrin im eigenen Haus zu sein«, um unterscheiden zu können, welche Gedanken, Überzeugungen, inneren Programme und Steuermechanismen die eigenen sind und welche aus einem kollektiven Feld stammen. Wir werden auch von der Energie der Zeitqualität gerufen, in die eigene Kraft zu gehen und ein eigenes Leben und eigene Rollenbilder zu leben. Man hört und liest oft, »das Weibliche kehre zurück« auf die Erde. Im kleinsten gemeinsamen Nenner bedeutet das ganz einfach, dass jeder Mensch, jeder Mann, jede Frau gerufen ist, der eigenen Wahrheit zu folgen, das eigene Leben mit sich selbst zu (er)füllen.

Wichtig ist zu erkennen, dass wir alle auch Einfluss auf dieses gemeinsame Bewusstseinsfeld haben, in der Art und Weise, wie wir leben. Wir haben Ver-Antwortung, hin zum Gesamten. Je nachdem, welchen Weg wir wählen, ob wir weiterschlummern oder den Mut haben zu erwachen. Alles, was wir für uns wählen und (er)leben, geben wir als Information in dieses gemeinsame Feld. In allem, was wir wählen und leben, wenden wir uns diesem gemeinsamen Archiv der Energien zu. Wir holen die Informationen in unser Bewusstsein, um sie zu transformieren und zu verändern, und dann lagern wir das Ergebnis dort wieder ab. Auf diese Weise entsteht ein neuer gemeinsamer Zeitgeist. Darin sehe ich die gemeinsame Verantwortung der Menschen, insbesondere der Frauen, füreinander. Wir wirken miteinander, gemeinsam, füreinander – so kann ein neues Bewusstsein erwachen – für das Kollektiv der Menschen.

Marlies schreibt:
»Wie nicht gelebte Weiblichkeit erschöpft«
Ich fühle mich ständig erschöpft und bin überzeugt, das liegt daran, wie ich meine Weiblichkeit bisher lebte und heute lebe. Ich habe immer sehr »männlich« gelebt. Meine Kindheit prägte mein sehr dominanter Vater. Meine Mutter ordnete sich ihm unter, war still und hielt aus. Dies

war wohl die Ursache für ihre Depression. Mein Mädchen-Sein hatte in dieser Familie und neben meinen drei Brüdern keinen Platz. Irgendwie hab ich mich immer dem Männlichen näher gefühlt und mich damit identifiziert. Ich habe studiert, mich männlich gekleidet und später in einem männlich geprägten Konzern gearbeitet. Mein Verhalten habe ich den (männlichen) Kollegen angepasst.

Bereits als sehr junge Frau hatte ich einen fixen Freund, doch die Rolle der Frau habe ich nie eingenommen, und ich bin wohl bis heute nicht in meiner Weiblichkeit angekommen. Das Muttersein erlebte ich als Schock des Erwachens. Plötzlich sollte ich mich wie eine Frau verhalten. Denn eine Mutter ist nun einmal eine Frau. Aber wie? Ich habe mich meiner Rolle als Mutter sehr rational genähert. Ich habe viele Bücher und Ratgeber gelesen, denn ich wollte alles »richtig« machen. Babyschwimmen und Krabbelgruppe gehörten zum Programm, weil man das halt so macht. Ich hakte eine imaginäre Liste ab, um eine gute Mutter zu sein. Mit dem Herzen war ich nie dabei. Ich hatte immer das Gefühl, die Kinder würden etwas von mir wollen, das ich ihnen nicht geben konnte. Und mich begleitete auch immer der Eindruck, nicht zu genügen. Auf eine Art und Weise haben mich die Kinder, so hart es klingen mag, irgendwie immer gestört, aufgehalten, gebremst.

Ich war erleichtert, als ich wieder in meinen Beruf zurückkehren konnte. Ich wollte nach alter Gewohnheit meine frühere Karriere in einem großen Energiekonzern weiterführen. Dabei habe ich mich selbst »an die Wand gefahren«, frontal und mit voller Geschwindigkeit. Da war sie nun, mit voller Wucht: die Erschöpfung. Die Ver-

zweiflung. Ich wusste nicht mehr, wer ich bin, was ich da mache. Ich konnte nicht mehr. Und mir wurde klar: »Das bin ich nicht, und ich kann so nicht länger leben.«
Jetzt bin ich auf der Suche nach meinem Weg, auf der Suche nach mir selbst und meinem FrauSein. Ich fürchte, ich habe meine Weiblichkeit noch nie gelebt. Ich hatte in meinem ganzen Leben immer nur Männer um mich. Meine Mutter, die einzige Frau in meinem Leben, war mir in dieser Hinsicht kein gutes Vorbild. Ich hatte auch nur sehr wenige und keine engen Freundinnen. Wie lerne ich nun, zu meiner Weiblichkeit zu finden?

Orientierung im Außen

Die meisten Frauen kennen das Gefühl, dass eigentlich mehr in ihrem Leben möglich sein müsste. Und fast alle Frauen sind anfällig dafür, Eigenes auf andere zu projizieren und in dieser Erwartungshaltung Erfüllung zu finden. Andere Menschen und das Projizieren sind Aspekte des Außen (Yang). Sie führen uns zunehmend weg von uns selbst. Niemand hat uns beigebracht, dass wir in unserem Innen (Yin) fündig werden könnten. Vielmehr wurden wir schon als Kinder angeleitet, uns im Außen zu suchen, zu finden und uns daran zu orientieren. Es galt stets, erstrebenswerte Vorbilder zu wählen und Personen zu beobachten, die es besser machten als wir. Nach ihnen hatten wir uns auszurichten. Das begann in Institutionen wie Kindergarten und Schule. Wann immer wir Fehler machten oder den Vorgaben nicht entsprachen, wurden wir darauf hingewiesen: »Schau mal, wie xxx es macht.« Dieses Handlungsmuster ist tief in uns verankert. Wann immer wir unsicher sind, uns Veränderung wünschen, versuchen wir, die Orientierung und die Antwort im Außen zu finden, jemanden, der uns vorzeigt, vorlebt, wie man es besser macht. Die Medien und die Industrie leisten dazu ihren Beitrag. Uns umfluten Informationen, wie wir ein glückliches Leben gestalten können, wie wir Sinn und Orientierung finden. Allesamt mit dem Zweck, uns darauf hinzuweisen, was uns fehlt – um glücklicher, erfolgreicher, liebenswerter zu wer-

den. Und die Anleitung, wie es denn geht, wird in einem An-
gebot mitgeliefert: Kauf dieses, tu jenes, reise hierhin und
strebe dorthin. Erlaube dir an dieser Stelle den bewussten Gedanken: »Wenn alle Frauen ab morgen aufwachen würden,
und entscheiden würden sich selbst zu lieben, zu akzeptieren und sich selbst einfach so zu leben – für wieviel Industrie
würde das das Ende des Business bedeuten?« (Dr. Gail Dines).

Den Frauen wird suggeriert, dass ein neues Leben und
auch mehr Sinn »erhältlich« sind, wenn sie denn konsumieren. Fündig wird man dazu stets im Außen – im Geschäft, am
Urlaubsort oder etwa beim Beautydoktor. Die Möglichkeiten
sind unerschöpflich. Dies ist eine der Ursachen, warum viele
Frauen scheinbar unersättlich sind und immer noch mehr
konsumieren. In Wahrheit suchen sie nach sich selbst. Der
Irrtum liegt darin, der Einladung in die Konsumwelt zu folgen. Und wir gehen oftmals viele Irrwege, bis wir erkennen,
dass wir die Lösung nur finden, wenn wir uns uns selbst
zuwenden. Wenn wir dem Ruf des innersten Ich folgen und
es wagen, uns in der eigenen Tiefe zu suchen, zu ergründen,
zu finden – und von dort heraus zu (er)leben.

Hannah schreibt:
»Wie geht das, Weiblichkeit«?
Ich bin eine junge Frau (bald 24), doch da mein Geist, so
denke ich, schon sehr alt ist, beschäftigen mich seit
frühester Jugend Dinge, die wahrscheinlich keine andere
junge Frau beschäftigen. Bisher bin ich meinen beruf-
lichen Weg erfolgreich gegangen und absolvierte die
Matura, das EU-Diplom mit Berufsausbildung sowie ein
Bachelorstudium. Nun bin ich dabei, den Master abzule-
gen. Ich habe einen guten Job im Tourismusbereich und

außerdem zwei weitere Jobs als Eventmanagerin und als Vertriebspartnerin einer Kosmetikfirma. Außerdem habe ich einen Haushalt, einen Freund und sein Kind aus einer früheren Beziehung, das uns regelmäßig besucht.

Oft fühle ich mich vor lauter Tun völlig erschöpft. Müsste Weiblichkeit nicht das Gegenteil sein? Wie erschafft man in alledem Oasen für sich? Kann man Nein sagen? Darf man es? Manchmal möchte ich alles absagen und neu anfangen. Aber ich bin auch stolz auf das, was ich bisher geleistet und erreicht habe, und ich weiß dieses Glück sehr wohl zu schätzen. Dann spüre ich große Demut. Trotzdem ist mir manchmal alles zu viel, und ich wünschte, ich würde stattdessen einfach irgendwie vor mich hin leben ... aber ich weiß, das geht nicht, ich habe ja eine Aufgabe auf diesem Planeten zu erfüllen. Ich bin gespannt, herauszufinden, welche das ist ...

Die Ablenkung

Es ist nicht unwahrscheinlich, dass der Suche die Sucht folgt. Eine Einkaufstour verschafft kurzfristig Befriedigung. Die neuen Schuhe, die rote Bluse und die exklusive Handtasche schenken Freude. Doch diese Freude verhält sich oft wie eine Seifenblase, sie schimmert in Schönheit, schwebt und fasziniert, und plötzlich platzt sie auch schon wieder. Es braucht neue Seifenblasen und neue Shoppingtouren. So bleibt die Freude oberflächlich, sie erreicht uns nicht in der Tiefe. Viel zu oft stecken Frauen in diesem unerfüllten Kreislauf fest und laufen der Freude hinterher. Die Suche nach sich selbst wird nicht selten zur Sucht nach der Beute, bis man irgendwann erkennt: Shopping nährt die Seele nicht. Selbst dann nicht, wenn wir »spirituellen Inhalt« kaufen: Bücher, Ritualgegenstände, Statuen, Karten, Seminare ... irgendwann merkt man, dass das Ersatzhandlungen sind.

Ähnlich verhält es sich mit »Frauenabenden«. Solche Abende bedeuten meistens ein bisschen Tratsch, ein bisschen Klatsch, Austausch über Mode, Promis und vielleicht sogar (mehr oder weniger liebevolles) Lästern über die Liebespartner. Die Abende machen durchaus Spaß, sind von Lachen und Unbekümmertheit begleitet – doch die Gestaltung ist ebenfalls oberflächlich, auch diese Gefühle erreichen nur unsere Fassade, sie wurzeln nicht in unserer Tiefe. Deshalb können sie uns zwar kurzfristig Freude bringen, aber langfristig nicht voranbringen. Die Leere bleibt und die Sehnsucht auch. Die Oberflächlichkeit kann sich wie ein Kettenhemd um uns legen. Je öfter wir sie wählen, umso stärker wirkt sie als Barriere hin zur Tiefe. In meinem privaten Alltag nehme ich es mittlerweile als Verantwortung wahr, mit anderen Frauen behutsam zu sein, und wenn ich spüre, dass sie sich in Oberflächlichkeit flüchten, biete ich ihnen mit meinem Verhalten und meiner Präsenz den Weg in die Bewusstheit an. Wenn man sich an dieser Stelle erinnert an das morphogenetische Feld[2], das ich im vorangegangenen Kapitel erwähnt habe, dann sind wir verpflichtet, nicht länger ein unachtsames Feld zu stützen und zu vergrößern. Dies gilt vor allem dann, wenn uns selbst der Ruf hin zur Tiefe des eigenen (Er-)Lebens bereits erreicht hat. Darin liegt auch die Verantwortung, andere Menschen zu inspirieren, damit sie sich ihrer eigenen Wahrheit zuwenden.

---

2 s. Kap. Das kollektive Bewusstsein, S. 44

Unternehmungen und Antworten im Außen können die Leere im Innen niemals füllen. Die Fragen über den Sinn, das Lebensziel und die eigene innere Essenz bleiben offen, wenn wir Antworten im Außen suchen. Der Schmerz nimmt zu. Jener der eigenen Ratlosigkeit, aber auch jener der Erkenntnis, dass so manches Handeln und mancher Weg im Außen nur ins Leere führen kann. An dieser Stelle kommen viele Frauen in Kontakt mit den Themen der Persönlichkeits- und Bewusstseinsentwicklung. Antworten scheinen in greifbare Nähe zu rücken. Doch auch hier lauert erneut eine Täuschung: Dem Wesen der weiblichen Energie entsprechend kann die Suche im Außen (Yang) und im Tun (Yang) nicht zum Erfolg führen. »Es erfüllt mich nicht« ist eine Klage, die wir von vielen Frauen hören. Erfüllung wäre im eigenen Inneren, dazu braucht es eine Qualität des Yin. Das Yang-Konzept des Suchens und Wissenserwerbs im Außen kann diese nicht ersetzen.

Der Weg des Weiblichen kann letztlich nur mit weiblichen Qualitäten gefunden und gegangen werden. Steht am Anfang das Ziel (Yang) und findet der Verstand (Yang) seine Hinweise, kommen wir Frauen nicht umhin, an einer bestimmten Weggabelung den weiblichen Weg zu wählen und mit ihm die Aspekte des Yin zu erforschen, zu erfahren und ins eigene Leben zu integrieren.

Dagmar schreibt:
»So einfach ist es nicht mit der Weiblichkeit«
Ich habe schon als Kind gelernt, dass das MädchenSein mit negativen Aspekten behaftet ist. Ich wurde immer von Jungs begrapscht, sowohl im Bekannten- als auch im Verwandtenkreis. Erst nach Jahren wurde mir klar, dass ich eigentlich »nein« oder »ich will das nicht« sagen

könnte. *Als sehr junge Frau wurde ich schwanger, leider von einem verheirateten Mann. Das bedeutete für mich ein Leben als alleinerziehende Mutter. Freunde und Bekannte in meinem Heimatort zeigten mit dem Finger auf mich. Ich war wütend auf »die Männer« und empfand Hass, denn ich fühlte mich alleingelassen, überfordert und vom Leben bestraft. In meiner Wut habe ich »die Männer« aus meinem Leben verbannt. Ich hatte kein Interesse an und kein Verlangen nach ihnen. Zu meiner kleinen Tochter sagte ich oft: »Wir brauchen keinen Mann. Wir sind auch ohne Mann glücklich. Wir genügen einander.« Doch als meine Tochter etwa zehn Jahre alt war, lernte ich einen Mann kennen. Dieser Mann und ich, wir zogen uns »magisch« an. Ich spürte, dass es auf seiner Seite nur sexuelle Anziehung war und er sich einfach gerne mit Frauen umgab, auch in seinem Bett. Ich verliebte mich trotzdem. Wir waren einige Jahre zusammen, obwohl ich ahnte, dass er mir nicht treu war und auch mit anderen Frauen schlief. Das verletzte mich mehr und mehr, und ich verschloss mich. Sein Verhalten bestätigte mir zudem, dass Männer Frauen stets ausnützen. Innerlich prägte mich der Satz: »Männer sind Schweine«, und ich schwor mir, nie wieder eine Beziehung zu haben. Dazu hatte ich sogar eine Affirmation: »Ich brauche und will keinen Mann mehr in meinem Leben.«*

In meinem Alltag tue ich mich schwer damit, »Frau zu sein«. Seit damals trage ich nur noch Hosen. Kaufe ich mal ein Kleid, hängt es dann im Schrank. Ich bin auch sehr kritisch mit mir und nörgle wegen meiner Figur. Ich gefalle mir nicht.

*Doch wenn ich ehrlich bin, habe ich Sehnsucht danach,
»Frau zu sein«, mich auch als »Frau« zu zeigen. Meinst
du, ich sollte wieder sexy Outfits tragen, um das Frausein
zu spüren und in meinen Alltag zu integrieren? Aber
wenn ich das tue, fühle ich mich sehr unwohl.*

*Eigentlich bin ich mittlerweile wieder so weit, dass ich mir
wünsche, mit einem Mann mein Leben zu teilen, die gemeinsame Zeit zu genießen. Ich frage mich aber, ob ich
dazu überhaupt noch fähig bin – oder kann es sein, dass
in diesem Leben eine Beziehung für mich nicht vorgesehen ist?*

Wie ich eingangs dargelegt habe[3], sind das Weibliche und
Männliche einander Heilung. Im Miteinander erleben wir die
Einheit von Yin und Yang. Auf der Seelenebene betrachtet, ist
dies die Kür des menschlichen Erlebens.

Das ist auch der Grund, warum sich die Themen von Beziehung und Partnerschaft oft als solche Herausforderungen
zeigen, und warum wir genau darin den größten Schmerz
erfahren. Um sich vor diesem Schmerz zu schützen, verschließen viele ihr Herz, und wenn sie die Erfahrung wieder-
holt machen, ist die Entscheidung »Nie wieder ein Mann«
sehr verlockend. Wenn sich die Frau aber vor dem Männlichen verschließt, sich davon abwendet, nimmt sie sich
selbst die Chance zur Heilung und verschließt auch die Türe
zur innersten Essenz der Weiblichkeit. »Schönheit strahlt von
innen heraus«, das weiß man. Ich ergänze hin zum Kontext
dieses Buches: »Weiblichkeit kann auch nur von innen heraus
strahlen und unser Leben erreichen.« Wir können sie nicht

---

3 s. Kap. Ein Blick auf Yin und Yang, S. 16

aufsetzen. Wir können sie nicht anziehen wie ein Kleid. Wir können sie nicht »machen«, indem wir sexy Outfits tragen, uns schminken und die Haare in Locken legen. All dies ist Fassadenkosmetik, im wahrsten Sinne des Bildes. Niemals können wir dadurch die Tiefe nährender Weiblichkeit erleben. Das ist eine Hülle, die wir uns umlegen, die aber nicht in uns wurzelt und uns nicht mit der eigenen Tiefe verbindet.

In Bezug auf die Geschichte von Dagmar sei gesagt: Zunächst braucht es die Heilung des eigenen FrauSeins, genauso wie das (Er-)Lösen alter Muster und Bindungen. Der Weg führt über die Vergebung und Versöhnung, damit die Frau ihre Weiblichkeit dem Männlichen wieder darbieten kann, um in der Einheit Heilung zu erfahren. Wir müssen das Herz wieder öffnen, das Männliche ins Leben einladen, selbst auf die Gefahr hin, erneut Verlust, Schmerz und Verletzung zu erleben. Auch hier bietet sich das energetische Bild des Kreises an, und dieser führt letztlich als weiblicher Weg des Vertrauens und der Hingabe hin zur Heilung.

Der Weg nach innen

Der weibliche Weg ist ein Weg nach innen. Es ist die Natur selbst, die uns diesen Weg offenbart und dazu die Bilder liefert. Das Element Wasser wird dem Yin und dem Weiblichen zugeordnet. Wasser sucht stets den Weg in die Tiefe und ist in seinem Fluss flexibel. Das Wasser kontrolliert seinen Fluss nicht, es gibt sich den Gegebenheiten hin. In seinem Kreislauf führt es hin zur Einheit, hin zum großen Wasser, hin zum Ozean. Genauso liegt es auch in der Natur der Frau und der weiblichen Energie, anpassungsfähig, flexibel und fließend zu sein. Erleben wir uns anders, können wir davon ausgehen, dass diese Energiequalitäten in uns blockiert sind.

Übung zum Yin-Prinzip
»Gehe in Kontakt mit dem Yin«
Schließe die Augen und verbinde dich über einige Atemzüge mit deiner Innenwelt. Gehe dazu mit deiner Aufmerksamkeit zu deinem Solarplexus, er sitzt etwas über deinem Bauchnabel. Vielleicht magst du auch deine linke Hand dort hinlegen. Die rechte Hand legst du auf dein Herz. Dann sprich die folgenden Worte laut aus und fühle jedem einzelnen Wort nach: Wasser, fließen/fließend, Hingabe, ohne Kontrolle, Kreis, eins werden.
Wenn du mit den Aspekten des Yin schwingst, dann spürst du, wie du auf die Qualitäten des Yin reagierst, indem dein

Körper sich entspannt, dein Herz sich öffnet, eine innere Weite entsteht.

Natürlich kann es sein, dass du es (noch) nicht spürst. Vielleicht ist dir der Weg des Fühlens noch nicht so vertraut, und all das ist wie alles im Leben eine Sache der Übung. Bleib einfach dran und erlaube dir die Wiederholung. Es ist auch möglich, dass diese Qualitäten in dir noch blockiert sind. Die Ursache dafür finden wir in der Vielfalt der Erfahrungen auf unserem Lebensweg. Versuche einfach einmal, »hinzuatmen«. Der Atem steht für das Leben selbst. Auch der Aspekt des Lebenschenkens ist weiblich, und oft reicht das Nähren mit dem Atmen aus, um eine Blockade eines energetischen Staus zu lösen. Im Laufe des Buchs wirst du noch weitere Anregungen finden, diese Blockierungen zu lösen.

Die Essenz des FrauSeins

Jede Frau kommt durch sich selbst mit den verschiedenen Dimensionen des Frauseins in Kontakt. Die erste Begegnung ist jene mit der Körperlichkeit. Frauenkörper sind in ihrer Vielfalt so individuell, wie wir Frauen unterschiedlich sind. Keine ist wie die andere. Wir werden beeinflusst von unserem (Er-)Leben, unserem Umfeld, den Medien, die uns Frauen immer wieder ins Außen führen und damit die Verbindung zum eigenen Körper beeinflussen. Vergleiche werden schnell und unbewusst gezogen. Eigentlich ist es sogar so, dass unser Verstand ständig damit beschäftigt ist zu vergleichen. Abzuchecken, wie bin ich – wie sind die anderen. Wie wirke ich – wie wirken die anderen. Mir ist es allerdings ein Rätsel, warum wir selbst im Prozess des Vergleichens stets schlechter abschneiden. Die Wahrscheinlichkeit, dass wir dabei die Verliererinnen sind, ist sehr hoch, wenn nicht sogar bei hundert Prozent. Vergleichen macht unglücklich und nährt das Gefühl von Minderwertigkeit, das lehrt uns auch die Psychologie. Ich habe schon viel über die Gründe dafür nachgedacht. Denn anstatt zu vergleichen könnte man auch die Schönheit sehen, den Mehrwert erkennen, den andere Menschen für uns haben, und uns von Inspiration erfüllen lassen. Stattdessen führt der Vergleich in die Minderwertigkeit und oft zu Rivalität, Konkurrenz und Neid. Ich erkenne darin auch ein Yang-Konzept. Dahinter stecken die Leistungsgesellschaft

(Yang), der Vergleich an sich (Yang), das Bewerten (Yang), die Konkurrenz (Yang), das Streben (Yang) Erste/r (Yang) zu sein. Es ist ein Konzept des Trennens (Yang). Eine Hierarchie (Yang) in ihrer Steigerungsform entsteht. Schön, schöner, am schönsten. Gut, besser, am besten. Und mit dieser Erkenntnis offenbart sich mir auch der Lösungsansatz für uns Frauen, für Themen wie »Ich gefalle mir nicht«, »Ich mag mich nicht«, »Ich liebe mich nicht« oder »Ich bin es nicht wert«.

Nur die Energie von Yin kann das Feld (wieder) aufbereiten und es ermöglichen, dass Heilung geschieht. Yin verbindet. Yin sucht das Miteinander und löst auch die dualistische Sichtweise auf. Solange wir im Alltag zu sehr im Yang-Modus verweilen, werden alle unsere Bemühungen, die Themen zu heilen und zu verändern, uns immer wieder auf alte Wege und an alte Hürden führen. Blockade begegnet uns wieder und wieder und mit ihr die alten Themen, scheinbar. Die Heilung unseres FrauSeins kann nur im Yin-Modus geschehen – ebenso die Akzeptanz unseres Körpers, die Liebe zu unserem Äußeren und eine positive Art, wie wir uns zeigen. Es beginnt immer wieder bei uns selbst damit, dass wir Frauen uns für die Essenz des Yin entdecken, pflegen und leben.

Die offene Tür ist der Weg in die Tiefe. Wenn wir die Verbindung zur eigenen inneren Frau pflegen, festigt sich auch die Wahrnehmung der eigenen Einzigartigkeit. In der Begegnung mit der inneren Frau können wir dies erkennen, können unseren Körper annehmen, die Schönheit des eigenen Wesens sehen. Hier finden wir den Schlüssel zur Selbstliebe.

Das Urwesentliche der Frau ist das Lebenschenken. Es sind die Fähigkeiten des Gebärens, Nährens, Hegens und Behütens sowie des Heilens, die die Frau verkörpert, als Urqualitäten des essenziellen Seins der Frau. Im Lauf der Emanzipation,

eingebettet in das Zeitalter von Technisierung, Industriali-
sierung und Optimierung, verloren diese Dimensionen des
Frauseins die Anerkennung und damit auch die Aufmerksamkeit und Wertschätzung der Frauen selbst.

Eine andere Dimension des inneren FrauSeins finden wir im
Bewusstsein. Hier regiert nicht jene Intelligenz, die wir uns
anhand von Bildung, Schule und Training angeeignet haben,
sondern die Intuition (er)öffnet den weiblichen Zugang. Die
Intuition (Yin) begegnet der Logik (Yang), das intuitive Wissen
(Yin) dem analytischen Verstand (Yang). Das Weibliche versteht
es, die Welt über das Erkennen der feinstofflichen Energien zu
interpretieren. Wenn wir uns an dieser Stelle erinnern, dass
der Segen im Miteinander liegt und das Weibliche die Vereinigung sucht, können wir hier erneut feststellen, dass das Weibliche nicht in Konkurrenz zum Männlichen steht. Es offenbart
sich vielmehr als bereichernde Ergänzung. Als Erkenntnis, die
die wahrgenommene Leere in sich selbst zu füllen vermag.

Im Inneren begegnen wir zudem der emotionalen Frau.
Die Fähigkeit zu fühlen ist ein wesentlicher Anteil der weiblichen Essenz. Der Dalai Lama drückte es in einer Rede so
aus: »Die Zukunft der Welt liegt in den Händen der Frauen,
weil Frauen die Lehrerinnen für Mitgefühl sind.«[4] Zugleich
begegnet man oftmals einer abwertenden Haltung den weiblichen Emotionen gegenüber: »Frauen sind ja so emotional.«
Viele Frauen (und Männer) verbinden Emotionalität mit
Schwäche. Dies ist die Ursache dafür, dass Frauen sich vor
ihren eigenen Gefühlen (unbewusst) fürchten und diese vor
sich selbst verschließen, sich von ihnen abtrennen. Auch das
Wort »hysterisch« wird Frauen zugeschrieben. Wir bezeich-

---

4 2009 Kanada Vancouver – Peace Summit

nen damit extrem emotionales Verhalten. Ursprünglich kommt dieses Wort vom altgriechischen Begriff für Gebärmutter (hysterá). Darin liegt der Zusammenhang mit der weiblichen Qualität, die neues Leben schenkt. Wir sind aufgefordert, unsere Gefühle als lebensbejahende Kraft anzunehmen, die unser Wesen und unser Leben bereichert. An dieser Stelle möchte ich dich ermutigen, einen Schritt weiter zu gehen, gerade als Frau, und es zu wagen, Gefühle viel mehr als bisher als inneren Kompass für deinen Alltag zu wählen.

Unser Verstand (Yang) denkt in Schwarz-Weiß, er wählt die Dualität, die Aspekte des Yang. Sogar mit Farbabstufungen von Grau hat er schon manchmal Probleme. Er möchte das eine oder das andere und erzeugt damit die Trennung (Yang). Wenn wir jedoch auf die Ebene des Fühlens (Yin) und der Intuition wechseln, können wir dem Verstand einen wertvollen Partner zur Seite stellen, gemeinsam können sie ein gutes Team (Yin) sein. Wir kreieren damit ein Miteinander (Yin). Intuition und Fühlen begegnen uns im Herzen und im Bauch. Wenn wir diese drei gleichwertig im Miteinander als unsere Lebensschöpfer wirken lassen, kreieren wir den Weg der Liebe. Unser Verstand kann Liebe nicht begreifen. Doch die Liebe kann den Verstand ummanteln. So verwundert es nicht, dass das Energiefeld des Herzens weitaus größer ist als jenes des Verstandes. Und die Wissenschaft hat für uns herausgefunden, dass es das Herz ist, das viele elektrische Signale ins Gehirn schickt, um unseren Körper zu steuern. Was also für unsere unwillkürlichen Lebensprozesse wertvoll ist, kann für die willkürlichen nur ebenso kostbar sein.

Übung zum Yin-Prinzip:
»Die Fähigkeit des Fühlens«

Die Fähigkeit zu fühlen ist ein wertvoller Kompass für unseren Alltag. Da im Laufe der Technisierung dem Verstand und der Logik mehr Bedeutung zugeschrieben wurde, ist das Fühlen kein selbstverständlicher Begleiter mehr. Deshalb möchte ich dich an dieser Stelle daran erinnern: Wann immer du eine Entscheidung zu treffen hast, sei es beim Einkaufen, im Restaurant, morgens vor dem Kleiderschrank oder bei der Gestaltung deines Abends – erinnere dich an das Fühlen.

Nimm diese Fähigkeit stets hinzu, um das Fühlen wieder einzuüben und ihm selbstverständlichen Platz in deinem Alltag zu schenken. Frag dich:

- *Wie fühlt es sich an?*
- *Welche Entscheidung würde mein Gefühl treffen?*

Fasse mehr und mehr den Mut, öfter deinem Gefühl als deinem Verstand zu folgen. Damit nährst du die Yin-Qualität, und du wirst sehen, dass dein Verstand (Yang) und dein Gefühl (Yin) langsam in Einklang miteinander kommen werden. Welch kraftvolles Powerteam dir dann zur Verfügung steht!

Der weibliche Weg als
weibliche Alchemie

Frauen haben nicht nur einen weiblichen Körper, sie haben auch eine weibliche Psyche, eine weibliche Intelligenz und ein weibliches Bewusstsein. Um unser Wesen als Frau in der Tiefe zu erforschen und zu erfahren, müssen wir uns dafür öffnen, dass die Energien in uns (wieder) leben und lebendig sein dürfen. Wenn die weibliche Energie in uns stark ist, wir uns ihrer bewusst sind, brauchen wir Energien nicht mehr nach außen zu projizieren.

Der weibliche Weg ist auch ein Weg der weiblichen Alchemie. Alchemie in diesem Verständnis bedeutet, dass verschiedene Elemente einander beeinflussen und eine neue Basis für neues Werden entsteht. Indem wir die weiblichen Energien bewusst in unser Sein integrieren, öffnet sich uns ein Spektrum für das eigene Verhalten, das über die Möglichkeiten des »oberflächlichen, normalen« FrauSeins weit hinausgeht. Ich möchte damit ausdrücken: Je mehr wir die Yin-Qualität in unser FrauSein einbinden, je mehr sie die Basis für unser alltägliches Leben sein kann, umso mehr bewegen wir uns zu unserer eigenen Tiefe, verbinden uns mit der inneren Frau und fühlen den Geschmack der weiblichen, inneren Heimat. Inneres Wachstum ist Basis für das Mehr vom Leben. Die Leere darf gehen, wir (er)leben die Fülle in einem weiblichen, bewussten Sein. Die magische Energie der weiblichen Kraft wirkt auf alle Bereiche des Lebens. Wir fühlen uns angebunden, sind in gesunder Beziehung zur Außenwelt und (er)leben die eigene Wirklichkeit, mehr und mehr, in einem stetig fließenden Prozess hin zu mehr Lebenssinn, Lebenserfolg, Freude und Glück auf allen Ebenen.

Voraussetzung für den Zugang zum eigenen Potenzial der inneren Alchemistin ist, dass die Frau sich der höheren Schwingungsebene öffnet. Dadurch kann sich die Wahrnehmungsfähigkeit verändern, und die Zusammenhänge der inneren Gefühle mit dem göttlichen Wesen offenbaren sich. Ist dies nicht möglich, bleibt unserer Seele der Zugang zu dieser Energie der weiblichen Essenz vorenthalten und ein wesentlicher Aspekt des Selbst verschlossen.

Zugang zur inneren Weiblichkeit kann immer nur über die Wahrnehmung (Yin) und den Weg des Fühlens (Yin) gefunden werden, die Verstandesebene (Yang) führt die Frau in eine Sackgasse. Sie findet keinen Zugang zu den Energien. Dies mag mit sich bringen, dass die Frauen unbewusst die weibliche Energie in sich ablehnen und sie ebenso unbewusst mit männlichen Verhaltensweisen kompensieren. Das gilt auch, wenn die Frau sich aufgrund der Erinnerungen und Erfahrungen aus der Historie des Weiblichen den Zugang mit (unbewussten) Ängsten verschließt.[5] Als Folge davon wird sie sich dagegen sträuben, mit dieser (weiblichen) Energie wieder in Kontakt zu geraten. Doch die Leere bleibt. Die Sehnsucht nach Sinn und Ziel ebenso. Der Schmerz wächst. Die Frau ist aber schon in einer Aufwach-

---

5 s. dazu die thematischen Ausführungen Zeitgeist/kollektives Bewusstsein, S. 44

phase, sie ist (unbewusst) auf der Suche. Die Unzufriedenheit wird Antrieb bleiben, weiterhin nach dem Weg zu suchen. Auch der andere Aspekt, jener der Seele, bleibt. Wenn es zum Lebensthema gehört, dass die Frau sich einem neuen weiblichen Bewusstsein öffnet, ist eine Flucht oder Umkehr nicht möglich. Der Weg ruft. Seele will folgen. Die Frau wird es tun.

Störfaktoren für die weibliche Alchemie

Ich ziehe es vor, den Fokus auf die positive Ausrichtung zu setzen. Doch hier ist es mir nun wichtig, auch den Schattenseiten die Aufmerksamkeit zu schenken, damit sich die eigenen Sabotageprogramme besser erkennen und durchschauen lassen. Die Auswirkungen der Störfaktoren, wie ich sie hier nenne, begegnen uns im Leben in verschiedenen Erscheinungsformen. Das wirkt auf uns, als ob die Themen der Herausforderung sich ständig wiederholen und wir auf unserem Weg nicht vorankommen würden. Oft glauben wir dann, nicht ausreichend und intensiv genug an uns gearbeitet zu haben.

Doch sämtliches Loslassen, beabsichtigtes Transformieren, Wünschen und Rezitieren von Affirmationen bringt uns nicht weiter, wenn wir unseren Schattenaspekt nicht wahrnehmen, annehmen und integrieren. Übersetzt könnte diese Theorie auch lauten: »Ich liebe und akzeptiere mich auch mit dem Verhalten von ...« Oder man könnte sagen: Ich sehe in den Spiegel und sehe MICH. Sich wahrnehmen, sich erkennen, sich annehmen – das sind die Grundvoraussetzungen für den Weg hin zu sich selbst.

Nachfolgend nun eine Ausführung verschiedener Aspekte, die uns als Schatten begegnen. Der Übergang ist fließend, oftmals zeigen sich im Verhalten auch Mischformen. Mir geht es hier weniger darum, eine perfekte Übersicht zu beschreiben, ich möchte dir vielmehr eine Idee geben, welche vielfältigen Faktoren dir im Weg stehen könnten auf dem Weg in die eigene Tiefe.

Das Prinzip des Dienens als Schattenaspekt

Frauen sind von Natur aus loyal und verantwortungsbewusst. Das Leben ist selten planbar. Plötzlich kann es sein, dass man sich in einem Netz von familiären, beruflichen und gesellschaftlichen Pflichten der Lebenssituationen wiederfindet, gegen das man sich innerlich sträubt. Wir Frauen neigen jedoch meist dazu, sämtliche Pflichten vor unsere eigenen Bedürfnisse zu stellen.

Dazu (m)ein Beispiel:
Mein Berufsleben brachte es über geraume Zeit mit sich, dass ich regelmäßig, nämlich ein- bis zweimal im Monat, von Tirol nach Wien fahren und eine Nacht dort bleiben musste. Meine Kinder waren zu dieser Zeit noch relativ klein, sie besuchten die Grundschule. Mein familiäres Umfeld – mein Ehemann, meine Schwiegermutter und meine Großmutter – unterstützten mich. Doch stets lag es allein an mir, meine Abwesenheit zu organisieren, und ich spannte ein enges Netz aus Familie, Freundinnen und Putzfrau, das meine Abwesenheit auffangen sollte. Ich sorgte bis ins Detail vor: Die Einkäufe waren erledigt, die Wäsche gewaschen, To-do-Listen geschrie-

ben, Kindertaxis für Nachmittagsaktivitäten organi-
siert, Informationslisten mit Telefonnummern, Gewohn-
heiten und Lösungsvorschlägen für große und kleine
Dramen an der Küchentüre aufgehängt – sogar an die
Blumen dachte ich und markierte sie mit Post-its: Bitte
gießen. Obwohl meine Reisen keineswegs dem reinen
Vergnügen dienten, sondern Teil meines Berufs waren,
wurden sie zu Hause nicht gerne gesehen. Ehemann,
Schwiegermutter, Großmutter waren sich einig und
empfanden es als Zumutung, dass »die Mutter weg-
fährt«. Niemand sah mein Bemühen und schon gar
nicht den Stress. Alles, was mich erreichte, waren Vor-
würfe: »Die armen Kinder. Der arme Mann.« Jedes Mal,
wenn ich abreiste, stand ich unter dem emotionalen
Druck dieser Kritik.

Aus den Erzählungen der Frauen aus meinem Umfeld
weiß ich: Ich teilte dieses Erleben mit vielen Frauen. Als
einzigen nachdenkenswerten Aspekt möchte ich fol-
gende Frage hier weiterreichen: Was tut denn ein Mann/
Familienvater, wenn er beruflich (oder gar privat) ver-
reisen möchte? Meistens reist er einfach ab.

Aufgrund dieser Erfahrungen wagte ich es über viele Jahre
hinweg kaum, mir eigene Bedürfnisse zu erfüllen. Freie Zeit
nur für mich, Seminare oder Urlaub mit Freundinnen – daran
konnte ich nicht einmal denken. »Solange die Kinder noch
klein sind, geht das nicht«, lieferte ich mir beim geringsten
Wunschdenken selbst die Antwort. Woher ich diese Überzeugung nahm, bleibt offen. Männer ticken da anders. Sie gönnen
sich Auszeiten eher als wir Frauen. »Mütter gehören zu den

Kindern. Kinder brauchen die Mütter.« Sätze wie diese scheinen zu erklären, warum wir Frauen uns (zu oft) hintanstellen. Schließlich wollen wir gute Mütter sein und gute Frauen ebenso. Und Sätze wie diese wirken als Prägungen, die unsere Handlungen sowie Nicht-Handlungen steuern.

»Ich bin der wichtigste Mensch in meinem Leben«: Das ist ein Satz, mit dem viele Frauen ein Problem haben. Doch wenn wir uns ein anderes Weltbild erlauben, bekommen wir vielleicht einen neuen Zugang dazu.

Ich glaube nicht an ein zufälliges Leben. Von der Seelenebene aus haben wir dieses Leben bewusst gewählt. Mit einem »Ja« auf Seelenebene hin zu diesem Leben wählt die Seele ihre Motive des Wachstums und Entwickelns. Und dies ist die Hauptmotivation, weshalb die Seele dieses Menschenleben wählt: für sich selbst. Eigenes Wachstum, eigene Entwicklung und eigenes Erfahren sind die Gründe dafür, dass wir uns in diesem Leben befinden. Seele will das nicht von anderen erzählt bekommen, nicht davon hören und auch nicht darüber lesen, Seele will es selbst erleben, menschlich, irdisch. Und dem folgt der einfache Schluss: »Ich bin der wichtigste Mensch in meinem Leben.« Denn das Leben dient mir und meinem WerdenWerden. Und all das, was mich in meinem Leben umgibt, dient dem ebenso. All die Rollen, die wir einnehmen, und auch all die großen und kleinen Dramen des Alltags, all die Menschen und Herausforderungen – sie sind Teil des großen Ganzen.

Ich weiß um den Aspekt des Dienens als Ursache dafür, dass wir Frauen uns stets in den Hintergrund stellen. Wir vergessen, dass wir selbst der Grund sind, warum wir in diesem Leben sind. Wir vergessen, dass die wichtigste Aufgabe unser eigenes Wachstum und unsere Entwicklung darstellt.

Wir wagen es nicht zu denken, dass wir selbst die wichtigste Person in diesem (Er-)Leben sind. Erst wenn wir uns dafür öffnen, kann sich die Sichtweise hin zu allen Schwierigkeiten oder Kränkungen ändern.

Über viele Generationen war das Dienen die Rolle, die der Frau zugeordnet wurde. Energetisch ist dieses Muster noch, wie wir bereits festgestellt haben, in uns vorhanden und steuert vermeintlich automatisch unsere unbewussten Verhaltensweisen. Um die innere Essenz des wahrhaften FrauSeins zu entfalten, müssen wir solche Automatismen entlarven und ihnen die Energie entziehen. Sie dürfen endlich Geschichte werden. Sie dürfen keine Auswirkungen mehr auf unser alltägliches Leben haben.

Als Anker dazu dient mir mein Morgenritual. Es gibt meinem Tag nicht nur die innere Ausrichtung und die Basis, ich verankere damit auch kontinuierlich meine innere Haltung: »Ich bin der wichtigste Mensch in meinem Leben. Alles, was kommt und geschieht, dient in erster Linie meiner Entwicklung. Es geht um mein WerdenWerden. Deshalb beginne ich den Tag auch mit mir und für mich.« Viele Frauen packen ihre persönlichen Interessen immer an das Ende der Reihe, verschieben ihre eigenen Bedürfnisse auf »später«.[6] Erst wenn alle anderen zufriedengestellt wurden, wenn alle Aufgaben erledigt sind – erst dann gestehen sich viele Frauen zu, für sich selbst da zu sein. Mit dem Morgenritual als fixem Bestandteil in meinem Leben tilge ich den Schattenaspekt des Dienens als unbewusste Prägung und entziehe ihm die Energie.

---

6 Dazu s. Kap. Die Opferrolle, S. 35

Das Morgenritual als Basis für das Yin-Prinzip

Wenn ich aufwache und noch im Bett liege, ist mein erstes Ritual jenes der Dankbarkeit. Ich danke für diese Momente des Aufwachens: einen neuen Tag geschenkt zu bekommen, nicht allein im Bett zu liegen, ein Dach über dem Kopf zu haben, in diesem schönen Umfeld zu leben, gesund zu sein.

Dann nehme ich mit dem Tag, der vor mir liegt, Kontakt auf, meine Seele weiß ja um die Herausforderungen und Schritte, mit denen der Tag aufwarten wird. Ich fühle in den Tag und frage ihn, wie er sich gestaltet, was er bringen mag und was ich für ihn brauche. Dabei geht es weniger um Aufgaben und Pflichten oder Einkaufslisten, vielmehr um die Qualitäten. Es kann sein, dass ich als Antwort fühle: »Heute braucht es Gelassenheit.« Dann verbinde ich mich durch das Ritual der inneren Quelle[7] mit der Energie von Gelassenheit. Dann erst verlasse ich das Bett. In den Sommermonaten versuche ich, knapp vor dem Sonnenaufgang aufzustehen, damit ich diese Morgenqualität der aufgehenden Sonne und ihrer besonderen Energie bewusst auf der Terrasse genießen kann. Alternativ dazu mache ich eine Meditation, in der ich mich für den Tag innerlich ausrichte.

Der Körper ist Tempel der Seele. Dies lebe ich schon seit vielen Jahren bewusst. Deshalb sind mir auch einige Körperübungen am Morgen wichtig. Nicht nur aus gesundheitlichen Gründen, sondern um auch, um meinem Körper bewusst zu vermitteln: Ich bin achtsam mit dir. Dazu ist mir Yoga ein liebevolles Ausdrucksmittel geworden.

---

7 s. Das Yin-Prinzip-Ritual der inneren Quelle, S. 125

Das Prinzip des schlechten Gewissens als Schattenaspekt

An mein persönliches Erzählen kann ich nahtlos die Geschichte der Auswirkungen fügen: das schlechte Gewissen. Auch davon höre ich ganz oft in den Gesprächen mit Frauen. Wagen sie es doch einmal, sich eine Auszeit zu gönnen, der Familie eine Zeit ohne Mutter zuzumuten, holt sie nicht selten das schlechte Gewissen ein. Schuldgefühle entstehen aus der Erwartungshaltung – jener, die wir selbst an uns haben bzw. jener, die wir aus einem Fremdbild übernommen haben. Wir gleichen unser Verhalten mit den Anforderungen ab, was angeblich richtig und wichtig ist. Entsprechen wir dem nicht, und da sind wir oft sehr streng mit uns, fühlen wir uns schuldig. Die Rollenbilder »einer guten Mutter«, »einer braven Ehefrau« wirken in unserem Unterbewusstsein.

Die nächste unbewusste Verhaltensweise ist dann jene, dass wir dieses schlechte Gewissen vermeiden wollen. Der einfachste Weg, den wir dann wählen, besteht darin, dass wir die persönlichen Bedürfnisse zurückstecken, um den Bildern und Anfordernissen zu entsprechen. An dieser Stelle möchte ich daran erinnern, dass dies keine Eigenbilder sind, sondern übernommene Bilder. So ist auch die Rolle eine äußere. Die Verbindung zum eigenen inneren Wesen der wahren Frau fehlt. Mütterlichkeit als Yin-Prinzip kann auch gelebt werden, wenn Frauen ihren eigenen Bedürfnissen nachkommen. Noch weiter ausgeführt: Frauen können nur dann anderen Bedürfnissen wirklich bedingungslos nachkommen und sie nähren, ebenfalls ein Yin-Prinzip, wenn sie bei sich beginnen und für sich selbst sorgen, Kontakt zum eigenen Inneren aufnehmen, die eigenen Bedürfnisse wahrnehmen, erfüllen und die innere Verbindung nähren. Ansonsten bleiben erneut die Leere und die Sehnsucht nach sich selbst und dem Mehr vom Leben.

Das Wissen um die eigenen Bedürfnisse als Basis für das Yin-Prinzip

Du brauchst für dieses Ritual einen Spiegel, am besten einen, den man hinstellen kann; eine Uhr, ein Notizbuch und einen Stift zum Schreiben. Nimm dir nun die Zeit für dich, denn es wartet eine wichtige Aufgabe auf dich. Deine Bedürfnisse wollen gehört werden, denn viel zu oft bist du in deinem alltäglichen Tun damit beschäftigt, die Bedürfnisse aller anderen zu erfüllen, und du vergisst dich selbst oder es bleibt am Ende des Tages keine Zeit mehr für dich übrig.

Deshalb schenk dir jetzt ganz bewusst Zeit und die entsprechende Atmosphäre. Vielleicht magst du sanfte Musik, einen guten Duft, den Schein einer Kerze. Sorge dafür, dass du ungestört bist. Alles andere hat Zeit. Jetzt bist du die wichtigste Person in deiner Aufmerksamkeit und deinem Tun.

So schließe nun deine Augen, atme Anspannung aus, entspanne dich, mit jedem Ausatmen mehr. Genieße das Dunkel hinter deinen Augen und spüre, wie gut es tut, ganz für dich zu sein. Wenn du bereit bist, den Alltag loszulassen und bei dir anzukommen, dann öffne die Augen, nimm den Spiegel zur Hand und betrachte dich darin. Nimm Blickkontakt mit dir selbst auf und verbinde dich mit deinem Spiegelbild, halte diesen Blickkontakt, atme bewusst und lasse eine Verbindung zu deinem Spiegelbild entstehen. Fühle bewusst aus deinem Herzen heraus die Einheit mit dir. Folge der Einladung deiner Seele, denn sie wird dir erzählen, welche Bedürfnisse dir wichtig sind, welchen Bedürfnissen du zu wenig Beachtung schenkst, welche dir vielleicht noch nicht einmal bewusst sind.

Schenk dir eine Zeit des Lauschens, einerlei, ob du etwas hörst oder nicht. Die Botschaften kommen in dir an, sie schwingen in einer feinen Frequenz. Nicht immer kann dein Verstand dir dazu als Dolmetscher dienen, und es scheint manchmal, als sei da nichts. Auch das darf sein, schenke auch dem Raum. Du wirst sehen: Es zeigt sich immer was, zur rechten Zeit.

Dann nimm deine Schreibutensilien, stelle die Uhr auf dreißig Minuten, wenn sie eine Stoppfunktion hat, ansonsten merke dir einfach die Zeit. Dann beginne zu notieren, was immer sich aus dem Inneren offenbaren will. Notiere einfach, was kommt, denke nicht darüber nach, bewerte nicht, analysiere nicht, kommentiere nicht. Sei eine Sekretärin deiner selbst, die du für dich selbst zum Diktat gerufen hast. Notiere und schreibe alles auf. Bleib dreißig Minuten beim Schreiben und lass dich nicht ablenken.

Besonders kraftvoll ist dieses Ritual, wenn du es einmal wöchentlich wiederholst und diese Wiederholung zumindest über sieben Wochen beibehältst. Dazu empfiehlt es sich, ein eigenes Notizbuch anzulegen:˙ »Meine Bedürfnisse«. Darin kannst du auch Gedankenblitze notieren, die sich dir irgendwann während des Tages offenbaren.

Während dieses meditativen Prozesses sollst du nicht darüber nachdenken, wie und wann du dir die Bedürfnisse erfüllst, um nicht von einer Ebene zur anderen zu switchen. Hier geht es ausschließlich darum, dass du dich bewusst deinem inneren Selbst zuwendest und deinem Menschen-Ich

Zeit und Raum schenkst, um hinzuhören und mehr über dich zu erfahren, um deine Bedürfnisse zu hören. Dies ist ein Dialog zwischen dir und deiner Seele.

Schaffe in deinem Alltag zeitliche Möglichkeit für dich. Das muss keine immerwährende Lösung sein. Sie wird sich auch immer wieder verändern, entsprechend der Faktoren, die deinen Alltag beeinflussen. Doch wichtig ist es, für dich ganz konkret zu formulieren, wie viel Zeit du dir widmen kannst.

Als ich vor vielen Jahren in dieser Situation stand – mein Familienleben war noch sehr intensiv, die Kinder klein, die Aufgaben entsprechend vielfältig –, gab es irgendwann den Zeitpunkt, zu dem ich aus dem eigenen Leidensdruck heraus mir selbst versprochen habe, mehr auf meine Bedürfnisse zu achten. Das Ergebnis des oben beschriebenen Rituals übermittelte mir den Auftrag: eine Stunde am Tag, ein halber Tag in der Woche, ein ganzer Tag im Monat ... und eine Woche im Jahr. Ich war überwältigt von diesem Auftrag und konnte nicht glauben, was sich mir offenbarte. Noch viel weniger glaubte ich daran, dass dies möglich sein könnte. Doch ich diskutiere nie mit meiner Seele, ich nahm den Auftrag ohne Widerspruch an und versprach mir selbst, mein Bestes zu tun, um dieses Ziel innerhalb eines Jahres zu erreichen. Es war nicht einfach. Meine Familie reagierte zunächst mit Widerstand, der manchmal zu Diskussionen und Verletzungen führte. Doch ich blieb dran, suchte nach Möglichkeiten und Unterstützung, und mit Geduld und Achtsamkeit gelang es mir tatsächlich, diesen Auftrag auch umzusetzen. Rückblickend ist mir bewusst, dass mir dieses innere bedingungslose Commitment in einer intensiven Familienzeit mit Pubertät, Schule und auch manchem anstrengenden Geschäftsjahr im Familienunternehmen die Kraft für den Alltag gegeben hat. So möchte ich dich an dieser Stelle ermutigen, auch die Umsetzung für das »Wie und Wann« auf der Ebene deines Herzens zu finden und nicht den Verstand nach Ideen zu fragen, denn er kennt nur begrenzte Möglichkeiten.

Das Prinzip der Bescheidenheit als Schattenaspekt

Bescheidenheit gilt als Tugend. Einer Frau, die es liebte und lebte, stets für alle anderen mehr als für sich selbst da zu sein, wurde stets Anerkennung ausgedrückt. Viele von uns wurden so erzogen und hörten in der Kindheit bzw. Jugend oft den Satz »Nimm dich nicht so wichtig« oder auch »Eigenlob stinkt«. Selbstachtung wurde uns abtrainiert und damit die Fähigkeit, eigene Leistungen als solche anzuerkennen, wertzuschätzen und uns selbst zu loben. Frauen haben über Generationen hinweg viel gearbeitet und geleistet und ebenso für das Überleben der Familien gesorgt wie die Männer. Ich erinnere hier an die Generation unserer Großmütter, die im Krieg auf sich allein gestellt war. Auch heute leisten viele Frauen Unglaubliches, sie ziehen beispielsweise Kinder allein groß, um dem Mann den Rücken freizuhalten oder weil sie alleinerziehend sind, sie bewältigen zahlreiche Aufgaben und beweisen sich als Familienmanagerinnen. Doch häufig sind sie es selbst, die nicht anerkennen, wie viel sie geben und leisten. Oft schmälern sie ihre Arbeit sogar noch: »Das ist ja nicht der Rede wert«, »Kein Problem, ich schaff das schon«. Dabei würden das eigene Lob und die Selbstachtung sie innerlich aufbauen und ihnen Anerkennung schenken – hin zum eigenen Selbst – und damit die innere Verbindung und die Selbstliebe nähren. Da wir noch nicht gelernt haben, unseren Wert durch eigene Anerkennung zu bestätigen, suchen und erwarten wir Frauen die Anerkennung im Außen und treten nicht selten in den Wettbewerb des Leistens. Dadurch forcieren und leben wir vermehrt das eigene Yang.

Das Prinzip des Handels als Schattenaspekt

Wenn Frauen ihren Selbstwert nicht aus dem eigenen Innen nähren können, suchen sie die Bestätigung im Außen. Je nachdem, wie viel Aufmerksamkeit und Liebe sie erhalten, desto selbstsicherer fühlen sie sich. Damit machen sie sich von der äußeren Zuwendung abhängig und werden durstig danach.

Eine Möglichkeit, den eigenen Selbstwert aufzubauen, besteht darin, sich als Frau über die Leistungen des Mannes und der Kinder zu definieren. In alten Zeiten sicherte der stärkste Mann, der beste Jäger das Überleben. Auch wenn diese Zeiten vorbei sind, bleibt das Grundmuster dasselbe. Frauen messen sich oft daran, »welchen Mann sie bekommen (haben)«. Ist er erfolgreich, angesehen, gut situiert? Sieht er gut aus? Hat er einen tollen Körper, ist er charismatisch, sportlich, modisch angezogen? Kann man mit dem »Gesamtmann« punkten? Unbewusst wollen viele Frauen mit einem entsprechenden Mann ihr eigenes Dasein aufwerten. Oft sind es vor allem jüngere Frauen, die sich über den Mann, den sie an ihrer Seite vorweisen können, selbst bestätigen. Hat man einen »großen Fisch an der Angel«, muss das ja wohl bedeuten, dass man selbst schön und anziehend ist. Sind Frauen dieser eigenen Täuschung erlegen, streben sie stets weiter danach, sich entsprechend »anzubieten«, um für einen Mann anziehend zu sein und zu bleiben. Die Medien und die vielen

Zweige der Industrie blenden uns mit Bildern und gaukeln uns vor, dass sie uns ans Ziel bringen. Bilder, die das Äußere der begehrenswerten Superfrau definieren und die uns erneut in einen Vergleich führen. Zu oft kommen wir zu dem trügerischen Schluss, wir bräuchten nur das richtige Produkt, die richtige Mode, das richtige Äußere, damit das Alphatier der Männerwelt uns erwählt. Eine ganze Industrie richtet sich nach dem Äußeren und lebt davon. Mode, Kosmetik, Fitness, Schönheitsmedizin. Frauen bedienen sich all dieser Möglichkeiten, um »das Beste aus sich zu machen«, sich »im bestmöglichen Erscheinungsbild« anzubieten. Sie wollen schön, fit, jugendlich sein und bleiben – und bieten sich damit einer modernen Form des Marktes, einer modernen Form des Handels an: »Ich biete dir die perfekte Frau und bekomme von dir im Austausch dazu das perfekte Leben.«

So haben wir Frauen als Lebenstaktik vermittelt bekommen, zu kaufen und zu verkaufen und mit unserem Selbst einen Tauschhandel einzugehen.

Um aus diesem Muster auszusteigen, ist es unerlässlich, dass eine Frau ihre Persönlichkeit als wertvoll erkennt und ihren Selbstwert schätzt und achtet. Dafür braucht es ein aufmerksames Hinsehen zu sich selbst, um wahrzunehmen, auf welch einzigartige Weise jede Frau ihren Platz im Leben und in der Welt einnimmt. Keine Frau ist durch eine andere ersetzbar, denn wir sind so individuell, wie wir verschieden sind.

Das Yin-Prinzip-Ritual, um den eigenen Selbstwert anzuerkennen

Nimm dir Zeit für dich, denn es wartet eine wichtige Aufgabe auf dich. Wir wollen jetzt deinen Wert erkennen, und dies bedeutet, all deine vielen Facetten wahrzunehmen. Schenk dir dazu eine entsprechende Atmosphäre. Vielleicht magst du sanfte Musik, guten Duft, den Schein einer Kerze. Sorge dafür, dass du ungestört bist. Sei dir das wert. Jetzt bist du die wichtigste Person in deiner Aufmerksamkeit und in deinem Tun. Schließe deine Augen, atme Anspannung aus, entspanne dich und nimm dich selbst in die Arme. Verbinde dich mit der Liebe in dir und fühle sie in deiner Umarmung hin zu dir selbst. Umarme nicht nur deinen Körper, umarme auch dein Wesen, deine Seele, deine Essenz, dein ganzes Sein. Verweile in dieser Präsenz und verankere mit deinem Atmen dieses Gefühl der Liebe, das du in dir spürst, fühle es bewusst. Berühre dich liebevoll. Wenn du magst, streichle deinen Körper und lass dich in die Liebe hin zu dir selbst sinken, als hättest du ein Kind in deinen Armen. Und während du dich in deinen Armen hältst, bitte dein Unterbewusstsein, dir mit inneren Bildern zu zeigen, warum du so liebenswert bist, warum du wichtig für die Welt bist, warum du einzigartig bist.

Allmählich zeigen sich dir die Bilder deines Alltags als ein inneres Sehen mit allem, was du gut kannst, was du einbringst in die Gemeinschaften von Partnerschaft, Familie, Freundschaften. Auch dein Tun in deinem Beruf zeigt sich, die Begegnungen mit den Menschen dort, das Wirken in den unterschiedlichen Facetten des Lebens, wo du dich einbringst, Aufgaben übernimmst, sodass ein komplexes System des Miteinanders möglich ist. Sieh, wo überall du in Verbindung mit dem Leben und den Menschen bist. Sieh, was du tust.

Und öffne dich einmal mehr für die Wahrnehmung: So, wie du es tust, so, wie du bist, so, wie du deinen Platz ein-

nimmst – geschieht es nur durch dich. All das ist ganz von deinem Sein geprägt. Auch wenn andere einspringen könnten, sie würden es auf ihre Weise machen. Anders, nicht so wie du. Tappe nicht in die Falle des Vergleichens, bleibe in der Intention »Ich bin einzigartig, denn nur ich bin so, wie ich bin. Und deshalb bin ich so wertvoll«.

Sammle dazu innere Bilder, solange sie dich erreichen, solange du dir dafür Zeit nehmen willst. Wenn die inneren Bilder verblassen, öffne deine Augen, löse deine Arme – aber halte diese liebevolle Präsenz hin zu dir selbst. Dann nimm dir ein Notizbuch und beginne zu schreiben: »Ich bin wertvoll, weil …«. Vervollständige den Satz. Notiere die Bilder, die du gesehen hast.

Verzichte nicht auf diese kostbare Zeit des Schreibens. Schreiben bedeutet Ausdruck und verbindet dich in einer weiteren Yin-Qualität mit deiner Schöpferkraft. Außerdem belässt du die Botschaft dadurch nicht in der energetischen Präsenz der Meditation, sondern holst sie in dein (Er-)Leben. Schreiben öffnet die Tore zum Unterbewusstsein. Deshalb erlaube dir auch hier eine lange Liste. Beginne beim ersten Mal mit 27 Sätzen. Wiederhole dieses Tun an den nächsten sieben folgenden Tagen und ergänze die Liste jeweils um je weitere elf Sätze: »Ich bin wertvoll, weil …«.

Ich empfehle dir, ein eigenes Selbstwert-Buch anzulegen. Wann immer Menschen dir ein Kompliment schenken, dir ihre Dankbarkeit ausdrücken, dann notiere diese Geschenke auch in diesem Buch. So wird es wachsen und dir in seiner Vielfalt offenbaren, warum du so wertvoll bist – genau an jenem Platz, an dem du bist, wo du mit anderen Menschen bist, so, wie du bist und mit dem, was du tust.

Und sollte sich mal wieder ein Tag zeigen, an dem du die innere Verbindung zu diesem Selbst verlierst, kann es ausreichen, in diesem Buch zu blättern ...

Das Prinzip von Angst vor Einsamkeit als Schattenaspekt

Frauen tragen eine tiefe Prägung in sich, die sich als Angst vor dem Alleinsein ausdrückt und sich hin zum Partner, zum Mann kommuniziert. Eine der Ursache dafür ist ebenfalls in der Geschichte des Menschseins zu finden: War man in alten Zeiten allein oder ausgeschlossen, konnte dies die Existenz bedrohen. Selbst in der Generation unserer Mütter und Großmütter war es für eine Frau noch immer existenziell wichtig, einen Mann an ihrer Seite zu haben, der »für sie sorgt«. Ebenso großen Wert hatte es, einen Mann »vorweisen« zu können, um Anerkennung zu erhalten. Die tiefen Schichten unseres Unterbewusstseins erinnern sich an diese alten Zeiten und glauben, das Überleben sei gesichert, wenn wir eine Beziehung haben. Doch da heutzutage nicht mehr dieselben Werte gelten wie damals, da die Umstände und Gefahren sich verändert haben, wird eine Frau ihre wahre Sicherheit auf diese Weise niemals finden. Die Zeit ist eine andere. Partnerschaften bestehen oft nur mehr kurz, Verbindlichkeiten halten sich an der Oberfläche, Ehen werden geschieden und neue eingegangen. Sicherheit in der aktuellen Qualität unserer Zeit bedeutet vor allem, sich seiner Selbst sicher zu sein. Und dies kann nur in der Zuwendung hin zum wahren Selbst erfahren werden. Es ist der Weg des Selbst-Bewusst-Seins. Es ist der Weg des bewussten Seins, der hinführt zur Essenz des innersten Ichs.

Ich begegne vielen Frauen, die Angst haben, »alleine zu

sein«, »übrig zu bleiben« oder als »alte Jungfer« zu enden. Sie tun und akzeptieren oft (zu) viel, um dies zu verhindern. Denn wenn sie allein blieben, würde das bestimmt heißen, dass sie nicht liebenswert sind. Und der Selbstwert schrumpft.

Unser System sorgt vor. Es bemüht sich um Ausgleich und Wiederherstellung der eigenen Vollkommenheit. Doch leider bedient es sich zumeist der Werkzeuge der Schattenaspekte.

Und damit oft unbewusster Handlungsmuster, die danach streben, den Selbstwert um jeden Preis aufrechtzuerhalten, wenigstens zum Schein. Viele Frauen tun alles, um »irgendwie« in einer Partnerschaft zu sein und zu bleiben.

In der Generation unserer Mütter und Großmütter blieben dadurch eigene Lebenssehnsüchte auf der Strecke, eigene Bedürfnisse der Frauen waren kein Thema. Auch heute ist es dasselbe, wenn Frauen sich zu sehr anpassen und auf die Erfüllung der eigenen Bedürfnisse verzichten. Damals wurde noch ausgesprochen, dass eine Frau dem Bild der »braven Ehefrau« zu entsprechen hat. Heute stimmt eine solche Formulierung nicht mit dem Zeitgeist überein. Trotzdem leben viele Frauen die Überzeugung, dass sie nur in einer Beziehung ihren Daseinszweck finden. Ihnen ist oftmals nicht bewusst, welchen Preis sie dafür bezahlen, tagtäglich aufs Neue.

Da eine Eheschließung keine Garantie mehr für die Ewigkeit ist, fühlen sich viele Frauen im ständigen Wettbewerb. Sie tun alles, um makellos zu sein aus unbewusster Angst, der Partner könnte das Interesse an ihnen verlieren. Irgendwann erkennen sie, dass sie nur die eigene Illusion genährt haben. Ich erlebe oft, dass Frauen die Angst vor dem Alleinsein verlieren, wenn sie lernen, sich auf ihre spirituelle Natur einzustimmen und sich selbst zu genügen. Damit löst sich der Hunger auf, der sich aus dem Alleinsein nährt.

Kirsten schreibt:
»Die Suche nach Anerkennung und Liebe«
Als Kind wurde ich missbraucht. Daraufhin war ich sehr lange eine Sklavin meiner eigenen Ängste, ich fürchtete, nichts wert zu sein und nicht zu genügen. Ich hatte auch stets das Gefühl, dass alles, was ich tat, Konsequenzen hatte, die mir und anderen schaden würden. Der Vorfall machte meine Eltern sehr traurig. Daran gab ich auch mir die Schuld. Immerzu versuchte ich, durch kleine Gefälligkeiten meine Eltern und später auch die Menschen in meinem Umfeld glücklich zu machen. Mit allen Mitteln wollte ich mir Lob und Anerkennung von außen holen. Der Erfolg währte nie lange. Aber das weiß man als Kind bzw. Jugendliche nicht. In meinen späteren Beziehungen und Freundschaften (hauptsächlich Männerfreundschaften) strebte ich immer danach, Anerkennung und Liebe zu erfahren. Ich erlebte Affäre um Affäre. Alkohol vernebelte meine Sinne, das brauchte ich manchmal.
Heute weiß ich, dass ich meine Ängste einfach nicht spüren wollte. 2011 lernte ich meinen damaligen Freund kennen. Ich war sofort verliebt in ihn und wollte mein Leben mit ihm verbringen. Zum ersten Mal fühlte ich mich richtig gut in der Nähe eines Mannes. Wir waren beide 22. Doch er stieß mich immer wieder von sich weg und sagte mir, dass seine Liebe nicht reichen würde. Dennoch blieben wir zusammen, weil ich meine Gefühle in den Hintergrund stellte. Es gelang mir, ihn bei mir zu halten, indem ich meine sexuellen Verführungskünste ausspielte. Ich hatte ja gelernt, dass das die Art ist, als Frau einen Mann zu »begeistern«. Der Sex wurde in unserer Beziehung zum Mittelpunkt. Natürlich merkte

*ich immer wieder, dass das nicht die Art von Liebe war,
die ich wollte. Doch was war der Ausweg? Eine Trennung
kam für mich nicht in Frage. Ich war viel zu abhängig
davon, auf irgendeine Art geliebt zu werden. Außerdem
hatte ich das Gefühl, ohne ihn nicht leben zu können.*

Das Prinzip von Everybody's Darling als Schattenaspekt

Aufmerksamkeit, Anerkennung, Zuwendung – dies sind oftmals die Ziele, nach denen viele Frauen streben. Bereits als
junge Mädchen haben sie festgestellt, wie leicht sie Väter und
Freunde bezaubern können. Immer dann, wenn sie Applaus
und Ermutigung erhielten, weil sie als kleine Mädchen ihre
Verführungskünste übten. »Sie wickelt mich immer wieder
um den Finger«, hat so mancher Vater schmunzelnd zuge-
geben, bevor er seiner Tochter ihre Wünsche erfüllte. Einmal
mehr verbinden diese frühen Prägungen das Weibliche und
Männliche. Es scheint ein unendliches Pingpongspiel zu
sein.

»Ich will geliebt werden«, lautet das innere Muster, das die
Rolle des Antreibers übernimmt, und im Außen tut Frau ihr
Bestes, um »Everybody's Darling« zu sein. Sie will es allen
recht machen. Sie will allen gefallen. Sie will alle begeistern
und von jedem Zuspruch erhalten. Dafür schlüpft sie in viele
Rollen: »Wie oder wen hätten Sie denn gern?«, scheint ihre
unausgesprochene Frage zu sein. Scheinbar mühelos präsentiert sie dem Gegenüber die gewünschte Maske und nimmt
die entsprechende Rolle ein. Auf diese Art und Weise werden
Frauen zu talentierten Schauspielerinnen. Sie präsentieren
sich so, wie sie annehmen, dass es gut für sie ist – stets in der
Hoffnung, geliebt zu werden und Aufmerksamkeit zu be-

kommen. Doch das ist ein zweischneidiges Schwert. Erhält Frau Zuspruch aus ihrem Umfeld, entsteht trotzdem immer mehr innere Leere. In diesem Spiel verliert die Frau sich selbst immer mehr. Wenn sie ehrlich zu sich ist, gefällt ihr das, was sie von sich wahrnimmt, nicht oder nicht genug. Immer bleibt ein Vakuum, das zunächst für die Frau selbst nicht zugänglich zu sein scheint. Die Frauen spüren eine innere Sehnsucht, die sie noch nicht beschreiben können. Sie suchen nach Antworten auf Fragen, die ihnen noch unbekannt sind. »Da muss doch noch mehr von mir sein«, fühlen sie, und dieser Gedanke ist es, der sie letztlich auf den neuen Weg der Suche nach sich selbst führt, hin zur eigenen Tiefe, nahe an die innerste Essenz.

Das Prinzip von Oberflächlichkeit als Schattenaspekt

Oberflächlichkeit ist das Gegenteil von Tiefe. Dem Menschen bietet sich beides als Erfahrung der Dualität an. Dualität erzeugt Trennung. Auf der Emotionsebene ist Trennung die Ursache für das Gefühl innerer Zerrissenheit. Diese wiederum ist einer der Gründe dafür, dass wir Energie »verlieren« und uns erschöpft fühlen. Wenn wir »innerlich zerrissen sind«, können wir uns nicht innerlich nähren und leeren zunehmend unsere Energiereserven. Es fühlt sich an, als hätten unsere Energietanks ein Loch. Füllen wir die eigenen Lebensbatterien auf, hält das stets nur für kurze Zeit an.

Auch hier ist der Weg nach innen hin zu sich selbst die Lösung. Wenn wir uns auf uns selbst zubewegen, schließen wir die innere Lücke, Nähe zu uns selbst entsteht. Dafür braucht es auch die Begegnung mit uns selbst, ungeschminkt, ehrlich und auf Augenhöhe.

Eine ehrliche Begegnung mit sich selbst kann auch »unsicher« sein. Das ahnen wir. Die Ehrlichkeit zu uns selbst, die Offenheit in der Tiefe könnte Auswirkungen auf unser Leben haben. Wir könnten (endlich) notwendige Kurskorrekturen vornehmen, damit unser Seelenpfad in die richtige Richtung weist und mit den Entwicklungsaufgaben unseres Lebens wieder konform geht. Veränderung bringt immer Unsicherheit mit sich und bedeutet ein Verlassen der Komfortzone. Jener Zone, in der wir meinen, alles »im Griff« zu haben, in der alles kontrollierbar ist. Wir wissen um die Dinge und kennen Abläufe, Geschehnisse, Wirkungen. Doch wenn wir es wagen, die Faktoren des Alltags zu verändern und dem Ruf zu folgen, wenn wir die eigenen Grenzen überwinden, dann verlassen wir auch das Umfeld, das wir gewohnt sind. Wagnis und Risiko begegnen uns. Dass wir dabei den eigenen Erfahrungshorizont erweitern, neues (inneres und äußeres) Land entdecken und erleben, uns besser kennenlernen und dabei entwickeln, sehen wir zunächst noch nicht. Die Ängste bauen sich als scheinbar unüberwindbare Mauern auf. Doch wenn wir einmal vor den Mauern stehen, haben wir den Ruf, der Heraus-Forderung der Seele zu folgen, bereits gehört.

Das Yin-Prinzip-Ritual zur Begegnung mit sich selbst
Eine Anleitung meditativen Lesens und Schreibens
Nimm dir Zeit für dich und sorge dafür, dass du ungestört bist und dich wohlfühlst. Ich mag es, mir dazu eine »heilende Atmosphäre« mit Musik, Duft und Kerze zu kreieren. Lege ein Notizbuch und einen Stift bereit. Ich werde dir mehrere Bilder reichen. Lies dazu zunächst meinen Text. Danach visualisiere das Bild mit geschlossenen Augen. Fühle dich in das Bild hinein, fühle die Einladung deiner

Innenwelt für dieses (Er-)Leben. Wenn du innere Klarheit hast, öffne die Augen – halte aber die meditative Energie und notiere die Antworten deiner Wahrnehmung zu meinen Fragen, und gerne darüber hinaus. Bleib in diesem Prozess. Lass dich nicht von deinem Alltag ablenken. Verlasse auch nicht die Atmosphäre und unterbrich dein Tun nicht. Das würde die Schwingungsfrequenz verändern und damit auch den Zugang zu deiner Innenwelt. Wichtig ist, dass du dich vom Herzen aus spürst, dass du die »Aufgabe« nicht mit dem Verstand angehst. Deshalb nütze immer wieder deinen Atem, um ganz bei dir anzukommen. Fühle dich in dein Herz hinein und verbinde dich von dort mit dir selbst. Unterstützend kannst du auch die Hand auf dein Herz legen. Und wenn du spürst, dass du ganz bei dir bist, dann beginne mit der Übung bzw. fahre mit ihr fort. Du stehst vor einer Tür. Öffne sie. Es zeigt sich eine Treppe, die hinabführt. Der Raum ist dunkel, du kannst fast nichts sehen. Du bleibst am Eingang stehen. Du kennst deinen Auftrag noch nicht, du weißt nicht, ob du wieder hinaus- oder in die Tiefe hinabgehen sollst. Nun schließe deine Augen und visualisiere, nimm wahr und dann öffne die Augen, um in dein Notizbuch zu schreiben:

- *Welche Reaktion erzeugt das in dir, nicht zu wissen, was geschehen wird?*
- *Ein dir unbekannter Raum, dunkel, und eine Treppe, die in die Tiefe führt?*
- *Welcher Anteil in dir überwiegt, der Forscherdrang und die Neugierde, etwas Unbekanntes zu entdecken, oder hält dich etwas? Würdest du die Tür am liebsten wieder schließen?*

Wir reisen weiter. Du entschließt dich, der Treppe zu folgen, und gehst in die Tiefe, Schritt für Schritt. Schließe nun deine Augen und visualisiere, wie du die Treppe hinuntergehst. Schenk dir dazu Zeit für dein ganz persönliches Erleben, bevor du wieder die Augen öffnest, um (dir) Antworten zu geben.

- *Wie fühlt sich die Aufforderung, in den unbekannten Raum zu gehen, an?*
- *Wie bist du ihr gefolgt? Neugierig und unverzüglich oder zögerlich?*
- *Und wie weit gehst du?*
- *Was nimmst du noch wahr? Äußerlich? Innerlich?*
- *Bietet sich dir ein Licht an? Wenn ja, wie?*

Wir reisen weiter. Wenn es bisher dunkel war, darf dir nun ein Licht die Innenwelt erhellen. Dadurch verändert sich deine Wahrnehmung, dort im Raum. Und du siehst eine weitere Tür. Es zieht dich hin zu dieser Tür. Du fühlst, dahinter ist für dich eine wertvolle Erkenntnis. Schenk dir ein Verweilen vor der geschlossenen Tür und nimm deine Gedanken wahr. Was könnte dahinter auf dich warten? Schließe nun wieder die Augen, um die inneren Bilder zu erleben, nimm dir dazu Zeit und tauche ganz ein, um dann in der meditativen Energie die Fragen zu beantworten.

- *Wie fühlst du dich auf deinem Weg in die Tiefe?*
- *Wie zeigen sich dir die Stufen?*
- *Woher kommt das Licht, und wie sieht es aus?*
- *Wie hell ist es?*
- *Wo ist die Tür? Wie sieht sie aus?*

- *Welche Gefühle und Gedanken nimmst du wahr, während du vor der geschlossenen Tür stehst?*
- *Wer könnte dahinter auf dich warten?*

Wir reisen weiter. Du öffnest die Tür. Dahinter zeigt sich ein Raum. Darin ist Licht, und du siehst eine Person in diesem Raum. Es ist offensichtlich, dass sie auf dich gewartet hat. Sie begrüßt dich.
Schließe nun deine Augen und visualisiere. Schenk dir Zeit für diese erste Begegnung, bevor du wieder die Augen öffnest, um (dir) Antworten zu geben.

- *Mit welchem Gefühl öffnest du die Tür?*
- *Wie sieht der Raum aus? Beschreibe ihn.*
- *Wie fühlst du dich dort?*
- *Die Person im Raum, kennst du sie? Wie ist eure erste Begegnung?*

Wir reisen weiter. Du folgst der Begrüßung und Einladung dieser Person und lässt dich in dem Raum nieder. Du spürst, wie sich dein Herz für die Begegnung öffnet. Du nimmst die Nähe zu ihr wahr, eine Nähe, die sich auf einer anderen Ebene offenbart, da ist Vertrautheit, als ob ihr euch schon lange kennen würdet. Du weißt, hier bist du sicher und gut aufgehoben. Du fühlst dich wohl und entspannt und bist offen für die Begegnung und alles, was kommen mag. Die Person reicht dir die Hände, blickt dir in die Augen und beginnt zu sprechen. Sie erzählt dir von dir. Sie erzählt von deinen tiefsten Wünschen. Sie erzählt von deinen Träumen und Visionen. Sie erzählt von deinen unerfüllten Bedürfnissen. Lausche. Öffne dein Herz für die

Botschaften, die dich erreichen. Lass den Verstand ruhen und mit ihm die Verlockung »nach-zudenken«. Nimm die Sätze, die du hörst, und erlaube ihnen, einfach zu »sein«. Schließe nun deine Augen und visualisiere. Schenke dir für diesen Prozess die Zeit, die er in Anspruch nehmen will, bevor du wieder die Augen öffnest, um Antworten zu notieren.

- *Die Begegnung und dein offenes Herz, wie fühlt sich das für dich an?*
- *Die Berührung der Person, wenn sie deine Hände nimmt und dir in die Augen sieht, wie ist das für dich?*
- *Was kannst du in den Augen der anderen Person entdecken?*
- *Und als sie zu erzählen beginnt, was spürst du da?*
- *Nun wenden wir uns dem zu, was du hörst: Von welchen Wünschen spricht die Person?*
- *Von welchen Träumen?*
- *Von welchen Visionen?*
- *Welche Bedürfnisse nennt sie dir?*
- *Und wie reagiert dein Verstand?*

Nun kehre in dieses Erleben zurück, erlaube dir nochmals die Begegnung mit dieser Person. Ihr haltet euch noch immer an den Händen, der Blick ist klar und liebevoll, Türen hin zur Seele scheinen sich darin zu öffnen. Du kannst deinem weisen Gegenüber nun Fragen stellen und erhältst von ihr Antworten.

So schließe jetzt erneut die Augen, um zu visualisieren und im Dialog zu verweilen, so lange, wie du dazu Zeit brauchst.

Dann kehre zurück zu deinem meditativen Schreibbe-wusstsein und notiere erneut die Erkenntnisse aus dieser Begegnung:

- *Welche Fragen stellst du der Person und welche Antworten erreichen dich?*
- *Kannst du hin zu deinem Alltag einen erweiternden Impuls wahrnehmen, eine Aufforderung des Lebens?*

Wir wollen die Reise abschließen, kehre noch einmal zurück. Es ist Zeit, Abschied zu nehmen. Bedanke dich und verabschiede dich. Vielleicht bekommst du noch einen wichtigen letzten Satz mit auf die Reise. Dann verlasse den Raum und schließe die Türe hinter dir. Du befindest dich wieder auf der Treppe und nimmst wahr, dass sie noch weiter in die Tiefe führt. Der weitere Weg liegt noch im Dunkel. Diese Gelegenheit kannst du ein anderes Mal wahrnehmen. Denn nun ist es Zeit, zurück in deinen Alltag zu gehen. So nimm die Stufen treppauf. Am Ende der Treppe stehst du wieder vor der Tür, öffne sie und tritt aus deiner Innenwelt heraus, schließe die Tür hinter dir.

Schenk dir für heute eine letzte Notiz:

- *Ist da noch eine abschließende Botschaft, die dir mit auf den Weg gegeben wurde?*
- *Wie ist der Abschied von der Person, welches Gefühl nimmst du dazu in dir wahr?*
- *Wie fühlst du dich, nachdem du die Tür geschlossen hast und entdeckst, dass die Treppe noch tiefer führen würde? Was ist dein spontaner Gedankenimpuls dazu?*

- *Wie ist der Weg zurück, treppauf?*
- *Und der Schritt aus der Innenwelt heraus?*
- *Das Schließen der Tür?*
- *Und nun, abschließend, welche Gedanken formieren sich für dich im Rückblick zu dieser gesamten Reise in deine Innenwelt?*

Du kannst diesen Prozess jederzeit wiederholen. Immer dann, wenn dich deine Tiefe ruft, immer dann, wenn du spürst, es tut sich im Alltag eine Kluft in dir auf und damit eine Entfernung hin zu dir selbst. Du kannst auch entscheiden, tiefer zu gehen.

Du wirst sehen, eine Begegnung wird sich nie wiederholen. Sie ist stets neu. Denn auch in deiner Innenwelt bewegt sich dein Sein, und es geschieht Veränderung. So wirst du von einem zum anderen Mal neue Ebenen deines Bewusstseins erkunden, neue Tiefen deiner selbst erfahren und damit mehr über dich.

Das Wissen darum ist das eine, das andere ist es, dies dann tatsächlich in den Alltag zu integrieren. Es kann durchaus vorkommen, dass du »alte Bekannte« triffst, deine Schattenaspekte. Die gute Nachricht ist: Es gibt keinen Grund, mit ihnen zu hadern. Betrachte sie wie Tore, die dich einladen hin zu dir selbst, und die Wege dorthin sind letztlich die Wege zu deiner Selbsterkenntnis. Es ist der Flow des weiblichen Wegs, ein Tanz in Kreisen und Wellen, das Yin als Ruf deiner innersten Essenz.

Das Prinzip von Konkurrenz als Schattenaspekt

»Die Konkurrenz schläft nicht«, pflegte meine Patentante zu sagen und meinte damit die Frauenwelt, die um einen Mann buhlt. Sie wollte mir damit einprägen, wie wichtig es ist, für den (eigenen) Mann stets attraktiv, interessant und anziehend zu sein. Denn andernfalls könnte der (bislang eigene) Mann abhandenkommen, abgeworben von der Konkurrenz. Viele Jahre trug ich diesen Satz in mir. Auch wenn ich mich nicht direkt danach ausgerichtet habe, bin ich davon überzeugt, dass er unbewusst seine Wirkung hatte. Ich tat alles, um immerzu zu gefallen, nicht nur dem Mann, den Männern, der Welt an sich. »Energie hat kein Mascherl«, pflege ich selbst stets zu sagen und meine damit, dass eine Verhaltensweise sich nie auf ein Thema begrenzt. Die energetische Struktur ist in unserem feinstofflichen Feld hinterlegt wie ein Programm, das sich auch auf andere Bereiche unseres Lebens auswirkt.

Ist das eigene Sein, mehr oder weniger bewusst, erst mal nach der Bewunderung ausgerichtet, auf die wir hoffen, strebt die Frau ständig weiter danach, von ihrem Umfeld gesehen und anerkannt zu werden. Ihr Ziel ist es, stets eine Platzierung ganz vorn in der Werteskala der Gunst zugesprochen zu bekommen. Dieser Platz ist umkämpft. Deshalb sieht die Frau in jeder anderen Frau eine Rivalin, womöglich sogar eine Gefahr.

Äußerlichkeiten unterliegen Trends. Diese passen sich unserer schnelllebigen Zeit an und verändern sich rasch. Ein Erscheinungsbild, das gerade noch in ist, wird bald von einem anderen abgelöst. Es ist out. Ebenso verhält es sich mit den Rollenbildern, die uns als richtig vorgetäuscht werden.

Der Zeitgeist verändert sie. Die Frau schafft es kaum noch, ihr Erscheinungsbild, ihre (unbewusst eingenommene) Rolle und ihre präsentierte Maske immer wieder dementsprechend anzupassen. Mit ihrem Selbst haben sie alle nichts zu tun. Es handelt sich um bloße Fassadenkosmetik und führt sie von sich selbst fort.

»Die Konkurrenz schläft nicht«, ist eine Prägung, die viele von uns tief in sich tragen. In jeder Frau lässt sich eine Rivalin erkennen. Frauen lernen, voreinander auf der Hut zu sein. Man hält respektierlichen (Sicherheits-)Abstand. Diese Haltung verhindert Nähe und Zusammenhalt der Frauen untereinander. Doch das widerspricht dem Yin-Bedürfnis der Schwesternschaft. Der natürliche Ausdruck des Yin sucht eigentlich die emotionale Beziehung und die Verbindung zu anderen Frauen. Die Natur erinnert uns daran mit ihrem bildhaften Beispiel, indem sie uns lehrt: Das Wasser gilt als das dem Weiblichen zugeordnete Element. Das Wasser vereint sich in der Natur aus kleinen Bächlein zu einem Fluss, Ströme finden sich zusammen zum großen Wasser des Ozeans.

Ebenso sucht die Frau die Einheit mit ihren Schwestern. In der Begegnung mit den anderen will man einander in der Tiefe des Seins begegnen. Offenheit und Ehrlichkeit will als Ausdruck von Yin gelebt werden, ebenso das Zeigen der eigenen Verletzlichkeit. Stattdessen glauben Frauen, sich in ihrer Stärke zeigen und ihr »Revier« abgrenzen zu müssen. Sie begeben sich damit in Verhaltensweisen von Yang und handeln wider die weibliche Natur. So kommt es, dass Prägungen und das daraus resultierende Verhalten uns von der Essenz des wahren Frauseins entfernen. Wenn Frauen allerdings in ihrer Entwicklung und in ihrem Prozess des Bewusstwerdens miteinander die liebevolle und ermächtigende weibliche Psyche genießen können, offenbart sich auch der heilsame Kreis der Frauen. Sie können die Gesellschaft anderer Frauen genießen, gemeinsam in ihrer aller Tiefe, anstatt wie bisher mit den Frauen zu konkurrieren.

Beate schreibt:,
»Wie ich unter der Härte anderer Frauen leide«
Ich arbeite in einem von Männern dominierten, sehr kompetitiven Bereich. Die Frauen in den Führungspositionen leben dies häufig auf Kosten ihrer Weiblichkeit und sind nicht selten selbst die größten Frauenfeinde. So musste ich von einer Frau, die sehr erfolgreich in dem Metier arbeitet, hören: »Ich habe auf Kinder und Familie verzichtet und erwarte von meinen Assistentinnen – gerade von denen mit Ambitionen für mehr – dasselbe. Karriere und Beziehung oder gar Familie sind nun mal in unserem Berufsfeld schwer zu vereinbaren.«

Das Yin-Prinzip-Ritual als Basis für die innere Schwesternschaft

An anderer Stelle in diesem Buch habe ich den Dalai Lama zitiert[8]. Er nennt die Qualität des Mitgefühls, das uns Frauen beschenkt und ausmacht. Doch diese Qualität dürfen wir Frauen noch mehr in uns selbst entwickeln und weiterreichen. So möchte ich dich an dieser Stelle zu einem Ritual einladen, zunächst hin zu deiner Innenwelt:

Nimm dir Zeit für dich und sorge dafür, dass du dabei ungestört bist und du dich wohlfühlst. Ich mag es, mir dazu

---

8 s. Kap. Die Essenz des FrauSeins, S. 60

eine »heilende Atmosphäre« mit Musik, Duft und Kerze zu kreieren. Dann schließe deine Augen und erlaube deinem Atem, dass er dich unterstützt, dich zu entspannen und den Alltag loszulassen. Schenke dir heilsame Zeit für dich, dein Frausein und deine Schwesternschaft. Mit deinem Atmen begibst du dich in deine Innenwelt, entspanne dich in dich hinein und lass dich in deinen Herzensraum führen. Schenk dir Zeit, um bewusst dort anzukommen. Nimm deinen Platz in dir ein. Verweile und genieße. Du wirst spüren, wann es an der Zeit ist, eine Einladung auszusprechen an die Frauen deines Lebens. Deine Mütter, Großmütter, Tanten, Cousinen, Freundinnen, Frauen aus deiner Verwandtschaft und Bekanntschaft – eine nach der anderen betritt deinen Herzensraum, und sie stellen sich im Kreis um dich herum auf. Du bist im Zentrum. Möglicherweise gesellen sich auch Frauen dazu, die du aus deinem täglichen Leben noch nicht kennst. Das ist völlig in Ordnung. Wenn alle Frauen im Raum sind, gehe zu einer von ihnen, von der du dich angezogen fühlst. Stell dich ihr gegenüber, sieh ihr in die Augen, erlaube euch Begegnung. »Ich sehe dich«, wird dein Gegenüber dir antworten. Fühle in dein Herz. Fühle dort die Liebe, und dann schicke direkt aus deinem Herzen einen Lichtstrahl der Liebe hin zum Herzen dieser Frau. »Und ich erkenne mich in dir«, antwortest du ihr. Spüre das Band der Liebe, das zwischen dir und dieser Frau Verbindung herstellt. Liebe fließt, Liebe ist, Liebe verbindet. Dann gehe zur nächsten Frau und wiederhole das Ritual. Erlaube Augenkontakt, öffne ihr deine Tore hin zu deiner Seele und schaue durch ihre Augen hinein in ihre Tiefe. »Ich sehe dich« – »Und ich erkenne mich in dir«. Das Band der Liebe verbindet dich von Herz zu Herz, dich mit den Frauen, und als Antwort jede Frau mit dir. In deinem Weitergehen und neuerlichem Kontakt-aufnehmen bist du es, die das Band der Liebe von Frau zu Frau webt. So mache die Runde, schenke dir dazu Zeit. Bleibe beim Fühlen, es braucht kein Interpretieren und kein Analysieren. Fühle einfach nur die Vielfalt der Frauen, die dich in deinem Leben begleiten, und fühle, wie wir alle auf einer anderen Ebene in der Qualität der Liebe einander einladen, um die Liebe und die Verbundenheit in der Schwesternschaft zu spüren.

Schenke dir die Zeit, die du brauchst. Wiederhole diese Meditation immer wieder, und gerade dann, wenn du in deinem alltäglichen Leben meinst, auf Schwierigkeiten mit anderen Frauen zu stoßen, wenn du Auseinandersetzun-gen hast oder dich in Emotionen findest, die nicht im Dienst der Liebe sind.

Dieses Ritual wird dein Herz und deinen Blick für Frauen öffnen, es wird das Mitgefühl den Frauen gegenüber stär-ken und nähren. Doch damit ist es noch nicht ins Leben in-tegriert.

Deshalb möchte ich dir eine ergänzende Achtsamkeits-übung anbieten: Mach es dir im Alltag zur Gewohnheit, wann immer du eine Frau siehst, kurz in dein Herz zu füh-len. Fühle die Liebe, die du dort spürst, und dann schicke der Frau den Gedanken: »Ich erkenne mich in dir. Und das Band der Liebe verbindet uns über das Mitgefühl.«

Du wirst sehen, deine Wahrnehmung und deine Gedanken zu den Frauen und zum Weiblichen werden sich verändern. Alte (unbewusste) Muster der Rivalität und Konkurrenz lösen sich auf. Ihnen wird die Energie entzogen. Damit wird Heilung auf individueller Ebene und auch im kollektiven Feld möglich. Dies ist die Basis für ein neues Miteinander. Wertschätzend, respektvoll und unterstützend gestaltet es sich und wird von jeder Frau genährt und gestärkt, ohne dass es dazu viel zu tun gibt, es ist »einfach« die innere Ausrichtung.

Das Prinzip der Verlustangst als Schattenaspekt

Die Schattenaspekte zeigen die Bandbreite der Gründe dafür auf, dass sich bei vielen Frauen scheinbar alles um das Äußerliche dreht. Ihre Flucht ins Außen ist gleichzeitig die Sehnsucht nach Beziehung, Partnerschaft, Geborgenheit. Denn es ist die Liebe, die unser aller Dasein nährt.

Die Prägungen der weiblichen Geschichte, dass »Frau einen Mann braucht«, sind noch stark präsent. Dies habe ich ausführlich dargestellt.

Ausdrücklich möchte ich an dieser Stelle formulieren, dass die Liebe, in der Form von Beziehung und Partnerschaft, wohl das wichtigste »Ziel« und der Heimathafen einer Seele ist. Polarität will sich in der Einheit finden, in einem gleichwertigen Miteinander von Mann und Frau, von Yin und Yang.

So tragen wir einerseits den Auftrag unserer Zeit in uns, diese Einheit herzustellen und zu leben, und zugleich auch den Auftrag der Heilung jener alten Muster, die die Frauen tief in ihrem Zellbewusstsein gespeichert haben und die noch immer der (unbewusste) Antrieb dafür sind, nach einer Beziehung zu streben. Die Frau leistet viel, um das »Ziel« zu erreichen, einen Mann »zu haben«. Auch wenn dies keine moderne Frau so formulieren würde, ist dieses unbewusste Spiel zwischen Frau und Mann immer wieder zu beobachten. Ist Frau erst mal erfolgreich, kann sie trotzdem nicht davon ausgehen, dass der Mann »ihr gehört«. Auch wenn es die deutsche Sprache zu vermitteln scheint: »MEIN Mann«. In Österreich kennt man sogar die Ausdrucksweise »der Meinige«. Kein Mensch ist Besitz. Wir alle sind frei. Gerade in der heutigen Zeit sind die guten Gründe früherer Generationen, als ein Mann einer Frau Sicherheit bot, nicht mehr gültig. Eine Beziehung kann schnell zu Ende sein. Wenn Frauen sich sehr (und unbewusst) in den Prägungen und Glaubenssätzen bewegen, dass es wichtig ist, einen Mann zu haben und zu halten, begegnen sie ihrer Angst vor dem Verlust. Nicht zuletzt mit dem Auftrag, eben diese unbewusste Prägung mit allen ihren Glaubens- und Handlungsmustern aufzulösen.

Wenn Frauen die Angst spüren, einen Mann zu verlieren, versuchen sie immer wieder, »sicheres Terrain« zu kreieren und dazu die entsprechenden Verhaltensweisen, um ihm zu gefallen. Viele Frauen passen sich an, wollen mit allen Mitteln alles recht machen – um keine Verliererin zu sein. Zeichnet sich ab, dass sie dabei nicht erfolgreich sein könnten, setzen sie alles daran, den Mann zu halten. »Ich will nicht allein sein«, »Ich kann ohne ihn nicht leben«, »Ich will ihn nicht verlieren«, lauten dann ihre Aussagen. Um nicht verlassen zu werden oder ihn zur Rückkehr zu bewegen, bieten sie oftmals jede Facette von sich an. Dass sie dennoch verlieren, ist den meisten Frauen zunächst nicht bewusst: Sie verlieren sich selbst in Rollenbildern und Masken. Und es ist unvermeidlich, dass der Zeitpunkt kommt, da die Frauen (wieder) die Leere in sich fühlen. Sie wird so groß, dass das Muster des Verdrängens nicht länger greift.

Das Prinzip der Ausrede als Schattenaspekt

Der Weg hin zu sich selbst bedeutet immer auch einen Weg der Veränderung. Wenn wir uns dem Bewusstsein öffnen, der Seele mit der Bereitschaft für unsere Entwicklung antworten, heißt das Wandel, Neues und Unbekanntes. Es ist menschlich, dass wir uns unsicher fühlen und dass wir womöglich Angst haben – denn wir ahnen, dass unser Leben nicht mehr so sein wird wie zuvor.

Eine der Vermeidungsstrategien, die wir Frauen gern anwenden, besteht darin, Erklärungen zu finden, warum etwas nicht möglich ist. Nicht selten projizieren wir unsere Ängste auf andere Menschen, denen wir die Schuld zuschreiben. Insbesondere den Männern.

Wir suchen Auswege, die wir mit Erklärungen begründen: den Ausreden. Die Wahrhaftigkeit liegt im Wort selbst: Mit den Rechtfertigungen und Argumentationen möchte man erklären, warum man sich »etwas ausredet« – warum man eine Möglichkeit, die sich zeigt, ablehnt und ausschlägt, jetzt nichts nützt. »Ausrede, verlass mich nicht« – so lautet ein volkstümliches Sprichwort, und es begleitet nicht nur viele von uns, sondern wirkt vor allem als Prägung dem Weg der Veränderung entgegen. Ausreden machen uns unfrei, binden uns an gegebene Situationen, entmachten uns und halten uns damit von unserer innersten Essenz fern.

Das Prinzip von »Später« als Schattenaspekt

Eine Eigenschaft, die ich bei vielen Frauen erlebe, ist das Prinzip von »Später«. Ich bezeichne es stets als subtile Blockade, die uns in eine Opferrolle führt bzw. darin festhält. Über Generationen hinweg ist vielen Frauen »antrainiert« worden, dass sie zu dienen und für ihre Familie da zu sein haben. Sie mussten eine »gute Ehefrau« sein und ihre Pflichten erfüllen. Auch in den Berufen war es über Generationen üblich, dass Frauen eher einfachere Berufe, jene des Dienens, Pflegens und Behütens, zu wählen hatten. Deshalb erinnert unser Unterbewusstsein uns stets daran, »dass wir für andere da sein müssen«. Die eigenen Bedürfnisse, die Zeit und Zuwendung für sich selbst werden ganz hinten eingereiht. Später. Später, am Tag, wenn die Pflichten erledigt sind, der Haushalt ruht – später, im Leben, wenn die Kinder größer sind, oder gar etwa noch später, wenn man vom oft unerfüllenden Beruf in die Alterszeit wechselt. So leben viele Frauen im Wartemodus auf das »später«. Ganz oft allerdings erleben wir die Möglichkeit von »Später« gar nicht, da wir sie stets vor uns herschieben. Arbeiten im Haushalt haben nie ein Ende, am Abend sind wir zu müde, und wenn die Kinder aus dem Haus sind, kommen die Enkelkinder ins Haus. Die Zeit für sich, das Später, scheint ein unerreichbares Ziel zu bleiben. Als solches ist es wie ein Vakuum: Es hält uns vor uns selbst zurück. Deshalb erinnere ich an dieser Stelle: Wenn nicht jetzt, wann dann? Denn die Zeit für dich, die ist genau JETZT.

Eine weitere Betrachtungsweise von »Später« ist jene von »ich komme später dran, zuvor alle anderen«. Auch dies ist ein Muster, das uns von Müttern und Großmüttern vorgelebt wurde. Einer Frau, für die alle anderen zuerst kamen, wurde meist besondere Hochachtung ausgesprochen. Erst kommen die Kinder, der Mann, die Familie, die Pflichten ... und irgendwann ich. Dieses Lebensmodell ist eine Maske des Märtyrertums und offenbart eine subtile Opferrolle, die uns daran hindert, die eigene Wahrheit zu sehen und Veränderungen anzugehen. Ich gehe sogar so weit, die Prägungen aus der Kirche hier miteinzubeziehen, denn es waren meist nur »Märtyrer/innen«, die eine besondere Auszeichnung erhielten, indem sie heiliggesprochen wurden.

Der Selbst-Wert wird ins Außen verlegt. Zudem entgehen wir dadurch der Aufforderung unserer Seele, uns uns selbst zuzuwenden, weil dafür ganz einfach keine Zeit übrig bleibt.

Das Prinzip des Schmerzes als Schattenaspekt

Frauen wie Männer, wir tragen alle den Schmerz der verletzenden Erfahrungen in uns, die wir irgendwann im Leben gemacht haben. Auch die Erinnerung aus dem kollektiven Gedächtnis wirkt in uns. Sie kommt durch die Verbundenheit zu allen Frauen aller Generationen und Kulturen zustande.

Der Schmerz, abgelehnt, nicht geliebt, nicht gesehen oder akzeptiert zu werden, kann so groß sein, dass Frauen ihr Herz verschließen. Ganz oft wirkt es, dass sie dabei auch Wut und Aggression in ihr Herz eingeschlossen haben. Diese Wut und Aggression richtet sich oft unbewusst gegen den Mann bzw. das Männliche. Ganz vorsichtig und respektvoll formuliert: Oft beobachte ich, dass manche Frauenfreundschaften, Frauenrunden oder Frauenkreise aus einer guten und sehr wertvollen Absicht heraus entstehen. Dennoch scheinen sie sich »ineinander zu verlieren«, sich in den Themen der weiblichen Verletzung, des Schmerzes und der Heilung »zu suhlen«. Der Mann und das Männliche dienen als Projektionsfläche und werden oft (unbewusst) abgelehnt und ausgegrenzt. Doch der Weg zur Heilung führt immer über die Integration, und das Yin kann sich uns nur dann kraftvoll offenbaren, wenn wir uns dem Yang öffnen, es annehmen und lieben lernen, im Innen wie im Außen. Auch über das körperliche Prinzip. So gilt es, das Männliche und den Mann zu sehen, wertzuschätzen und zu ehren. Nur so kann Heilung geschehen. Und auch hier ist es wieder die Frau, die die Fähigkeit und den Auftrag zu heilen in sich trägt.

Sigrid schreibt:
»Meine Wut hin zum Männlichen«
Das Yin-Element, das Frausein, empfinde ich als sehr schwer. Ich hege sehr oft eine Wut in mir gegen das andere Geschlecht, einfach, weil ich mich als Frau nicht ernst genommen fühle. Als ich in der Mittelschule war, wurde man als Frau nur anerkannt, wenn man sich der Karriere widmete. Das Hausfrausein wurde belächelt, und es wurde als Leistung nicht akzeptiert. Selbstverständlich entschied ich mich für eine Karriere. Ich hatte einen sehr angesehenen Beruf.
Dann heiratete ich und wurde mit 26 Jahren Mutter. Das wollte ich meinen ehemaligen Klassenkameraden nicht erzählen, denn ich fürchtete in ihren Reaktionen die fehlende Anerkennung. Nach der Geburt meiner Kinder konnte ich nicht in meinen Beruf zurückkehren, denn eine Teilzeitstelle war nicht möglich. Danach machte ich die Erfahrung, dass man als Mutter aus dem Job raus ist. Dennoch suchte ich nach der Geburt des zweiten Kindes wieder Arbeitsmöglichkeiten und fand sie im Strukturvertrieb und Telefonverkauf. Doch ich fühlte mich minderwertig und von der richtigen Berufswelt nicht ernst genommen.
Mein Ehemann hat mich verlassen, und ich erziehe meine Kinder allein. Mittlerweile arbeite ich in einem

Büro in einer Teilzeitstelle, ergänzend als Yogalehrerin und verkaufe nach wie vor Produkte im Strukturvertrieb. Erneut habe ich das Gefühl, dass meine Leistung nicht anerkannt wird. Meine Arbeitskollegen sind hauptsächlich Männer, und wenn ich ehrlich bin, habe ich einen richtigen Hass auf sie. Sie haben es so einfach. Sie können nach der Arbeit nach Hause gehen, die Füße hochlegen und haben ihre weiblichen Haussklaven. Ich hingegen arbeite für zwei, manage Kinder und Schule, und es fühlt sich für mich immer wieder danach an, dass Frauen wie ich in der Gesellschaft einfach nicht ernst genommen werden. Als Hausfrau und Mutter erhält man keine Wertschätzung. Im Gegenteil, es herrscht eher die Meinung: »Wer Mutter wird, ist selber schuld.« Es ist sicher mein Problem, dass ich mich nicht ernst genommen fühle. Aber ich weiß auch nicht, wie ich das lösen soll. Ich habe zwei wunderbare Töchter, doch dem weiblichen Prinzip kann ich nicht viel Positives abgewinnen. Ich spüre nur Gegenwind und erfahre, dass ich für alles härter kämpfen und mich stets rechtfertigen muss. Außerdem kommt mir vor, dass die Männer glauben, alles besser zu wissen und über uns zu stehen.

Wenn ich mich vom Leben benachteiligt fühle, erinnere ich mich stets an mein Weltbild und daran, dass es einen Aspekt in mir gibt, der davon überzeugt ist, dass ich dieses Leben auf einer anderen Bewusstseinsebene so gewählt habe, wie es sich mir nun präsentiert. Dabei habe ich nicht unbedingt jeden Stolperstein selbst platziert, habe mir aber durchaus mein Leben als Frau, mein gesellschaftliches Umfeld, die Charaktere jener, die mich umgeben, und in einer gewissen

Weise auch die Hürden der Erfahrungen, selbst gewählt. Das Leben soll mir dienen, denn die Seele sucht nach Entwicklung und Wachstum.

Ich gebe zu, es gibt in meinem Leben Momente, da kann ich genau das nicht mehr hören. Da könnte ich auf Entwicklung und Wachstum sehr gut verzichten und auf all die Stürme, damit die See des Lebens ein bisschen ruhiger wäre. Doch die Lebensreise führt mich immer wieder durch Höhen und Tiefen und fordert mich mit allem, was ich bin, heraus. Sobald ich glaube, in den Tiefen und Stürmen verloren zu gehen, hilft mir stets die Erinnerung, dass es die innere Verbindung ist, die mich wieder an mich selbst heranbringt und mich auch mit meiner Schöpferkraft hin zum Leben verbindet. Mit dieser Sichtweise gelingt es mir auch, erneut aktiv auf das Leben Einfluss zu nehmen, es mitzugestalten.

Das Ritual der Vergebung als wesentlicher Aspekt des Yin-Prinzips

Was auch immer Menschen miteinander erleben und erfahren, einander zumuten und antun – auf einer anderen Ebene ist es so vereinbart und vorgesehen. Es dient dem Werden. Dies ist mein Weltbild. So wage ich aus dieser Sicht zu sagen, dass besonders jene Menschen, die uns im Alltag scheinbar das Leben sehr schwer machen oder uns emotional verletzen, uns auf der Ebene der Seele besonders in Liebe zugetan sind. Denn die Liebe ist die Essenz der Seele, und einander in einem liebesfernen Verhalten zu begegnen ist wahrlich ein Liebesdienst der Seele. Anders ausgedrückt: Jene Menschen, die uns am meisten zumuten, sind wohl jene, die uns am innigsten lieben. Sofern sich Liebe überhaupt (be)werten lässt.

Unserem Menschenverständnis, das nur die Dimension des Moments erkennt, scheint dieser Gedanke fremd. Doch wenn man sich traut, über diesen Erlebnismoment hinauszusehen, kann man erkennen, dass es stets einen weiteren Spannungsbogen zum Erleben einer Geschichte gibt. Alles steht im Dienst der Entwicklung einer Persönlichkeit, im Sinn des stetigen Vorankommens und Weitergehens.

Vergebung und Versöhnung sind ein wesentlicher Schritt zur Heilung zwischen dem Weiblichen und dem Männlichen, im Innen wie im Außen. Durch die Vergebung lösen wir uns mit bewusster Absicht aus der Situation des Geschehens, aus der wir lernen durften. Vergebung und Versöhnung sind nicht dasselbe. Sie reichen einander die Hand. Vergebung ist der aktive Part, Yang. Es folgt die Versöhnung – ein Zustand der Gnade, des Friedens mit der Situation, das Yin als ergänzender Pol. Versöhnung legt sich über das Geschehen. Vergebung ist der Schlüssel, Versöhnung das Tor und der Raum, die damit geöffnet werden.

So befreien uns Vergebung und Versöhnung von der schmerzhaften Erfahrung und von der Verstrickung mit allen Beteiligten. Der nächste Schritt im Vorankommen unserer Entwicklung kann getan werden. Verschließen wir uns vor der Vergebung oder übersehen wir diesen wichtigen Schritt, indem wir verdrängen, dann sind wir gebunden und stehen still. Und diesen Stillstand erleben wir im Alltag oft im Unfrieden zwischen Frau und Mann, in der eigenen Innenwelt wie in gelebten Beziehungen.

Auch für die innere Kluft, die wir oftmals wahrnehmen und die kaum überwindbar scheint, finden wir als Ursache oft die fehlende Vergebung in einer Situation unseres Lebens oder in der Beziehung zu anderen Menschen. Im Kontext dieses Buchs insbesondere zwischen Frau und Mann.

Für den Akt des Verzeihens und Versöhnens muss die andere Person nicht persönlich anwesend sein. Es ist ein Geschehen in unserer inneren Lebenslandschaft. Wenn wir von innen heraus mit allem und jedem versöhnt sind, sind wir auch von innen heraus frei. Das Herz ist versöhnt, und die Dinge können in die rechte Position rücken. Trennung darf sich auflösen. Schmerz ebenso. Heilung geschieht.

An dieser Stelle möchte ich dir eine kurze Anleitung für den Schritt des Verzeihens anbieten:

Beginne mit einem Gebet an die Situation und an die andere(n) Person(en). Dazu kannst du ein Foto verwenden, den/die Namen auf eine Karte schreiben oder sie einfach mental visualisieren. Sprich laut oder leise folgendes Gebet:

Liebe/r … , ich vergebe dir von ganzem Herzen, für alles, was ich glaube, dass du mir in diesem oder einem anderen Leben angetan hast. Ich bitte dich um Vergebung, wenn ich in diesem oder einem anderen Leben etwas getan habe, das dich verletzt hat. Ich vergebe dir, da ich weiß, dass wir auf einer anderen Ebene verabredet hatten, genau diese Dinge zu lösen. Und ich vergebe all den Situationen, die das erschaffen haben. Und ich vergebe mir für die Rolle, die ich dabei gespielt habe. Ich habe völlig vergeben. Danke, es ist getan. Amen.

Dann schließe deine Augen und kreiere als inneres Bild jene Situation, in der die emotionale Verletzung geschah, egal, ob du der Täter warst oder eine andere Person. Fühle die Energie des Geschehens, nimm sie ganz in dich auf. Dann bitte die andere Person innerlich vis-à-vis zu dir, sodass du Augenkontakt und Herzkontakt aufnehmen kannst. Spüre die Liebesenergie, die du in deinem Herzen trägst (oftmals schlägt das Herz in diesen Momenten etwas kräftiger), dann lass die Energie deines Herzens zur anderen Person fließen und hülle sie in ein »lichtes Bad« von Herzensenergie. Verweile in diesem Kontakt und öffne dich für die Liebesenergie deines Gegenübers. Sei gewiss, auch diese Person möchte mit dir in Liebe verbunden sein und wird dir mit der Energie ihres Herzens antworten und dich in eine Energiewolke der Liebe hüllen. Genieße den liebevollen Austausch einige Minuten lang. Wiederhole das Ritual in den nächsten sieben Tagen einmal täglich.

Wenn ich zu einem bestimmten Thema arbeite, z. B. zu »Schmerz nach dem Verlassenwerden«, visualisiere ich zunächst die Situation. Dann notiere ich auf einem Blatt Papier alle Namen, die mir dazu einfallen, emotionslos – ohne nachzudenken, warum ein Name auftaucht, ohne mich in das Geschehen zu projizieren. Man könnte sagen, ich erstelle eine Liste, wie eine Einkaufsliste. Emotional unbeteiligt. Letztlich ergibt sich damit das Feld all jener Menschen, die dazu beigetragen haben, dass ich überhaupt in diese Situation gelangt bin. Dann bete ich das Gebet für all diese Menschen und behalte das Ritual auch über wenigstens sieben Tage bei.

Eine andere Version könnte sein, dass ich mir ein Lied von Ho'oponopno wähle (es gibt dazu bereits viele auf dem Markt, in unterschiedlicher Länge). Ich höre das Lied und visualisiere die Gruppe und halte meine innere Intention hin zur Heilung: »Es tut mir leid. Ich liebe dich (euch). Ich bitte um Vergebung. Heilung geschieht. So sei es. Amen.« Man könnte sich an dieser Stelle fragen: Warum bitte ICH um Vergebung, wenn mich doch der andere verletzt hat? Aus der Sichtweise der Seele haben wir diese Erfahrung (mit)kreiert, weil wir sie für unsere Entwicklung gebraucht haben. Es geht wesentlich um diesen Anteil, den wir beigesteuert haben, damit Verletzung und Enttäuschung geschehen konnten.

Das Yin-Prinzip-Ritual
»Ehre das Männliche«

Aus der Sichtweise des Yin-Prinzips können wir uns erst dann innerlich der Heilung zuwenden, wenn wir bereit sind, uns an das Männliche hinzugeben. Selbiges gilt natürlich auch für das Männliche. Denn man betrachte, wie das neue Leben entsteht: Der Mann schenkt sein Sperma der Frau. Das Sperma als einzelne Zelle gibt sich selbst ganz an die Eizelle der Frau hin, und nur so kann das neue Leben entstehen, das durch die Frau zur Welt kommt. So braucht es auch das Neue zwischen Frau und Mann, und die Frau ist erneut als Heilerin gerufen, die die Fähigkeit zur Alchemie in sich trägt.

Ich möchte dir an dieser Stelle ein Ritual anbieten, um genau diesen Prozess in dir zu verankern – das Männliche zu ehren und es damit zur Heilung zwischen Frau und Mann einzuladen.

Wenn du einen Altar zu Hause hast oder einen anderen Ort des Ausdrucks, dann platziere dort etwas, das in deinem Empfinden für das Männliche steht. Welches Symbol du wählst, ist nicht wichtig, deine Intention verankert hier den Ausdruck. Platziere dazu eine Kerze als Symbol des Lichtes und des Segens. Segne das Männliche mit folgendem Gebet und biete deinem Herzen, dem männlichen Aspekt in dir, mit diesem Ritual tiefe Heilung an. Ich empfehle, das Gebet einmal am Tag zu beten, vorzugsweise

am Morgen, denn die Energie des Morgens und des Sonnen-
aufgangs wird dem Yang zugeordnet. Während du
sprichst, visualisiere den Himmel, die Sonne, den Berg, den
Vater, den Bruder, den Partner.

Vater Himmel, Vater Sonne, Kraft des Berges – ich fühle
euch. Vater Himmel, Vater Sonne, Kraft des Berges – ich
ehre euch als Teil in mir. Vater Himmel, Vater Sonne, Kraft
des Berges – ich schenke euch Ausdruck durch mein
liebendes Handeln. Und an Euch, Ihr Männer, Väter, Brüder,
Söhne, Geliebte – ich atme mein Wesen hin zu euch, als
Brücke des Lichtes und der Liebe, damit wir wieder zueinan-
derfinden können und uns in der Tiefe neu begegnen.
Heilsam für ein gemeinsames Sein, liebend und geborgen,
miteinander und füreinander. So sei es.

Das Yin-Prinzip-Ritual
»Erkenne deine Bedürftigkeit«
Erst wenn wir uns unserer tiefen Bedürfnisse und Wünsche
bewusst werden, können wir die Muster erkennen, nach
denen wir unbewusst handeln, und die Mechanismen verändern, die uns bislang unbewusst gesteuert haben.

Als kraftvolles Ritual schätze ich jenes des Listenschreibens.
Als Einstimmung sorge ich für eine entspannte, meditative
Atmosphäre und ermögliche mir innere Entspannung. Die
Übung soll frei von Zeit- und Erwartungsdruck gestaltet
werden. So stelle dich hier der Aufgabe: Schreibe eine Liste
mit 111 (oder irgendeine andere »hohe« Zahl) Punkten –
warum du einen Mann »brauchst«. Schreibe einfach drauf-

los, denke nicht viel und analysiere nicht während des Schreibens. Notiere auch, was dir scheinbar unsinnig erscheint. Bringe jede Idee und jeden Impuls zu Papier. Wenn du gut im Fluss bist, darf die Liste auch länger werden. Zunächst drängt sich der Verstand meist in den Vordergrund und liefert sein Wissen und all das, was ihm wichtig ist. Im Lauf des Schreibens öffnen wir unserem Unterbewusstsein den Raum, sich ebenso auszudrücken, wir kommen dann sozusagen unserer eigenen inneren Wahrheit näher.

Notiere einfach, was dir einfällt, so, wie es sich aus deiner bewussten und unbewussten Ebene zeigen will. An dieser Stelle möchte ich erneut anmerken: Der Schlüssel ist die »unsinnig« lange Liste. Wenn der kontrollierende und wissende Verstand seine Aufmerksamkeit erhalten hat, gibt er sich zufrieden und kann auch mal einen Schritt zurücktreten, damit sich im weiteren Ausdruck die Tiefen unseres Unterbewusstseins offenbaren können.

Betrachte dein fertiges Werk erst zum Schluss und gehe der Spur von Prägungen, übernommenen Glaubenssätzen und Einflüssen aus deinem Lebensumfeld, die du über Jahre gesammelt hast, als Beobachterin nach. Öffne dich deiner eigenen Wahrheit und Selbsterkenntnis und betrachte, welche Bilder, Gedanken und Ideen tief in deinem Inneren verborgen sind und was sie dir an Information in Summe mitteilen möchten.

Auch hier empfiehlt es sich, diese Übung zu wiederholen.

Das Schattenprinzip des Weiblichen

Das Weibliche umschließt die Qualitäten des liebenden, empfangenden, nährenden, verstehenden und mitfühlenden Seins.

Wenn wir die Weiblichkeit selbst missbräuchlich leben und uns dem Schattenfeld öffnen, verschließen wir uns uns selbst gegenüber bzw. halten auf diese Weise eine Blockade zu unserer inneren Essenz aufrecht. Dies lässt sich immer dann beobachten, wenn Frauen sich der Geschwätzigkeit, dem Klatsch, dem Heruntermachen, Zerstören oder Manipulieren zuwenden und selbst aktiv daran beteiligt sind. Die Ursachen und Gründe dafür habe ich bereits bei den anderen Schattenprinzipien angeführt.

Diese Schattenaspekte werden auch dann gelebt, wenn die Frauen ihre Rolle als Frau, ihre weiblichen Qualitäten oder die Sexualität missbrauchen, weil sie beherrschen, verführen und abhängig machen wollen, um die eigene Position (unbewusst) zu stärken, oder weil sie meinen, es wäre nur auf diesem Wege möglich bzw. erreichbar.

Mandy schreibt:
»Die Besetzungscouch«
Meine Freundin hatte kürzlich ein Gespräch mit einem einflussreichen Mann. Sie hat ein außerordentliches Talent in ihrem Beruf, und über eine Empfehlung kam der Termin zustande. Dieser Mann fördert immer wieder Talente und lässt oft seinen Einfluss wirken, um junge Menschen zu unterstützen. Er erklärte ihr, wie begeistert er von ihr sei, und sagte ihr, dass sie dank ihm Karriere – ja, sogar eine Weltkarriere – machen würde. Er erzählte

ihr von verschiedenen Möglichkeiten und eventuellen Verträgen. Begeistert stimmte sie zu. Dann erklärte er ihr, dass es unglücklicherweise sehr viele sehr gutaussehende junge Damen mit Talent gäbe und dass die finale Auswahl, an bestimmte sexuelle Sonderaufgaben gebunden sei.

Als sie starr vor Schreck nicht reagierte, wurde er sehr konkret: »Get down on your knees, or get out of my office.«

Dies ist keine einmalige Entgleisung. Es ist Alltag. Oft gehört. Zu oft. Das weiß ich.

Und ich weiß, dass viele Frauen dieses Spiel mitspielen. Es geht nicht immer darum, dass sie »im Bett landen« oder auf den Knien, wie im vorangegangenen Beispiel. Wie oft setzen Frauen ihre »weiblichen Vorzüge« ein? Kokettieren ganz bewusst damit? Auch in den anderen Schattenaspekten habe ich dies herausgezeichnet. Unser Verhalten ist selten einem bestimmten Schattenaspekt allein zuzuordnen, es wirken immer »Mischungen«. Wir wenden die gesammelten Einflüsse unseres Lebens an, mehr oder weniger bewusst. Die automatischen unbewussten Mechanismen, die uns anerzogen wurden oder die wir uns im Laufe des Lebens angeeignet haben, steuern uns.

Vielleicht kannst du dich an dieser Stelle auch an die vielen Witze und Sprüche erinnern, die man dort und da über Frauen macht. Ich möchte anmerken, dass wir als Frauen Verantwortung dafür tragen. Wenn wir uns daran auch beteiligen (ebenso an Witzen über Männer), nähren wir dieses Feld. Energie geht nicht verloren. Das Energiefeld, und später unser Unterbewusstsein, unterscheidet nicht zwischen einem

Witz oder etwas, das wir bloß so dahingesagt haben, um auch Teil einer geselligen Runde zu sein – mit unserem Verhalten nähren wir immer das kollektive Feld des Weiblichen. Ihm gegenüber haben wir Verantwortung. Wir kreieren unbewusst mit, worüber wir uns an anderer Stelle beschweren oder worunter wir selbst sogar leiden. Jedes Verhalten hat eine Auswirkung. Und diese Wirkung erfahren wir oft an uns selbst.

Wir Frauen sind vor allem auch dann Heilerinnen der neuen Zeit, wenn wir zur Heilung der Weiblichkeit an sich beitragen. Und das heißt auch, dass wir uns nicht mehr gegenseitig verletzen und uns nicht mehr lustig machen über Blondinen oder Tussis. Wenn wir eine achtsame und respektvolle Position gegenüber jeder Frau, einerlei, welche Bildung, welche Herkunft, welche Kultur sie hat, einnehmen, dann nähren wir mit unserer Haltung kollektiv eine wertschätzende Begegnung hin zur Frau. Wenn wir präsent und achtsam in unserem Alltag gegenüber jeder Frau sind, ihre Wünsche, Interessen und Bedürfnisse erkennen und wahrnehmen, und wenn wir dann unsere ehrliche Unterstützung und Hilfe anbieten, verändern wir mit unserem Tun ebenso das kollektive Feld. Wenn wir Frauen ermutigen, ihren Gedanken und ihrem Innersten Ausdruck zu geben, ihre Gefühle und Ängste mitzuteilen, und wenn wir damit behutsam sind, nicht abwerten, nicht verachten und nichts weitererzählen, dann bestärken wir die Frauen darin, einander ehrlich und auf Augenhöhe zu begegnen.

Auf diese Art und Weise können sich Schattenaspekte vermindern, bis sie auslaufen und ihre Gültigkeit verlieren. Sie haben dann keine Macht mehr über unser Leben. Sie steuern keine automatischen unbewussten Verhaltensmechanismen mehr. Wahres Frausein erwacht und wird lebendig im Miteinander gelebt.

Frauen dürfen erkennen, dass sie selbst ausreichend sind, so, wie sie sind. Frauen dürfen das Selbstbewusstsein leben, dass sie perfekt sind, wie sie sind, und dass sie dazu niemand und nichts anderes werden müssen. Frauen dürfen erkennen, dass die Vielfalt der Frauen aus der kostbaren Einzigartigkeit jeder einzelnen entsteht. Gemeinsam kreieren wir die bunte und reiche Vielfalt der Frauenwelt.

Frauen dürfen erkennen, dass es zum maskulinen Pol unserer Gesellschaft, dem Männlichen, kein Manipulieren mehr braucht, um scheinbar Ziele zu erreichen. Es gibt auch einen anderen Weg. Wir selbst (er)öffnen uns die weibliche Welt. Solange wir als Frauen aber das alte Spiel zwischen dem Weiblichen und dem Männlichen mitspielen oder gar männliche Strategien anwenden, kreieren wir dort Wiederholung mit, wo wir eigentlich Veränderung einfordern. Erst wenn wir damit aufhören, wird es auch möglich sein, dass die Gesellschaft, die Menschen, die Systeme den Frauen einen neuen wertvollen Platz zugestehen, mit gleichem Wert und gleichen Rechten. Gleichwertig, gleichberechtigt.

Eine neue Vision von Weiblichkeit

Die heilenden Kräften des Lebens erfüllen erst ihren Sinn, wenn sie für das Ganze, zum Wohle des Lebens selbst, genutzt werden. Altes Wissen, Heilung, Intuition, Priesterschaft, Göttinnenbewusstsein – wie immer man es nennen will, wir Frauen tragen eine innere Verbindung in uns, die mehr ist als das, was man im Alltag sehen, angreifen, berechnen und erklären kann. Wir haben Zugang zu den Zwischenwelten, wir haben Zugang zum Nichtsichtbaren, Nichtgreifbaren, Nichterklärbaren, weil wir das Mysterium der Schöpfung und des WerdenWerdens als Frauen verkörpern. Auf diese Weise sind wir auch Heilerinnen, Wissende, Trägerinnen des Mysteriums des Weiblichen, und wir sind auf natürliche Weise eng verbunden mit der schöpferischen Existenz.

Viele Frauen sind sich dessen nicht bewusst. Manche tragen eine Vorstellung davon in sich, doch oftmals sind das eher romantische Bilder als die Essenz dessen, was es wirklich bedeutet und wie sehr es unser Leben verändern kann.

Sich den weiblichen Energien zuzuwenden, bedeutet zunächst, die Wahrheit in sein Leben einzuladen, sich der eigenen Tiefe zu stellen und sich tiefgreifenden Erfahrungen zu öffnen. Dies ist keineswegs eine poetische Ausdrucksweise, die man den Texten für weibliche Themen manchmal fälschlicherweise zuschreibt. Aus meiner eigenen Erfahrung kann ich sagen, dass man »sicheres Terrain« verlässt. Man glaubt zu wissen, worauf man sich einlässt. Doch die Praxis zeigt: Es ist viel mehr, als man sich zu Beginn vorstellen kann. Wenn wir in unserer Tiefe weitere Werte entdecken, wenn wir mehr von uns selbst erleben wollen, bedeutet das immer Veränderung. Manchmal auch mit Folgen für Arbeitsleben, Partnerschaften, Lebensmodelle. Sich der eigenen Tiefe zuzuwenden bedeutet auch, sich der eigenen Wahrheit zuzuwenden – und vor allem, diese dann ins eigene (Er-)Leben zu integrieren (Yin). Andernfalls wäre das Wissen (Yang) leblos. Die Frau kann Leben schenken – nicht nur als Mutter hin zu Kindern, auch hin zu sich selbst, zum Leben an sich. Sich der eigenen Essenz zuzuwenden bedeutet immer, dem Auftrag zu folgen, »es« auch ins Leben zu holen und »es« zu leben. Mehr und mehr. Wahrhaftig. Und gerade weil wir dies als Frauen verkörpern, geschieht Heilung nur dann, wenn wir es auch leben, alltäglich. Nicht nur in Ritualen oder Büchern oder Seminaren. Es ist das Leben, das »es« uns zuruft.

»Es« ist all jenes, was wir noch nicht in andere Worte fassen können, das Mysterium unserer innersten Essenz, der eigenen Wahrheit. Diese ist so individuell, wie wir Frauen verschieden sind, so individuell wie die Vielzahl der Frauen, die es gibt. »Es« zu leben bedeutet auch, die eigene Individualität zu erforschen und sie mutig zu leben, frei von Angepasstheit, frei von Dogma und Konditionierung. »Es« zu leben beinhaltet immer ein »Ja« zur eigenen Einzigartigkeit.

Wenn uns dabei etwas blockiert, dann in erster Linie die Angst. Sie versperrt uns den Weg zum Wachsen, sie versperrt uns den Weg zu den tieferen Schichten unseres Bewusstseins. Angst ist die natürliche Reaktion, wenn wir uns zur eigenen Wahrheit bewegen. Angst zeigt uns auf, worin unser

Thema liegt. Die »Angst, verlassen zu werden« weist uns darauf hin, dass wir Angst davor haben, allein zu sein.[9] Auf dieser Ebene können wir uns die Themen betrachten: Was macht das Alleinsein aus? Wie können wir uns das Alleinsein zum Freund machen?

Eine Ebene tiefer zeigt uns dieselbe Angst auf, dass »ich mich selbst womöglich schon verlassen habe«. Auf beiden Ebenen lädt uns die Angst ein, uns um uns selbst zu kümmern. Dies ist der Hinweis: »Geh einen Schritt zurück vom Außen, hin zu dir, wende dich dir und damit auch deinem Innen zu.« Und es ist auch immer eine Einladung zur eigenen Authentizität. Nicht vom Außen sollen wir Veränderung verlangen, sondern bei uns selbst nach uns selbst forschen. Wir sind aufgerufen, bei uns selbst anzudocken und uns aus dieser inneren Verbindung heraus dem Außen zu zeigen.

Wenn wir unsere Ängste nicht angehen, laufen wir Gefahr, gelebt zu werden. Dies kennen wir als typisch weibliches Thema: »Ich lebe nicht, ich werde gelebt.« Wenn wir der Konfrontation aus dem Weg gehen und so tun, als wäre alles in Ordnung (viele Frauen sind darin wahrlich Meister), halten wir uns selbst nicht nur in einem alten Muster gefangen, wir halten uns auch fern vom eigenen wahrhaftigen FrauSein. Auf der körperlichen Ebene drückt sich Angst in erster Linie als Müdigkeit und Erschöpfung aus, denn die Emotion der Angst verbraucht viel Energie. Umgekehrt ausgedrückt, wenn du dich oft müde und erschöpft fühlst, dann nimm die Fährte zu deinen Ängsten auf, die du in deinem alltäglichen Leben immer wieder vorfindest.

---

9 s. Kap. Das Prinzip der Verlustangst als Schattenaspekt, S. 97

Das Yin-Prinzip-Ritual
»Begegne der Angst«
Wenn du das Gefühl hast, dass Angst deinen weiteren Weg
blockiert, dann erlaube dir, ihr zu begegnen. Schenke dir
dazu die Zeit der Stille und der Innenschau.

Nimm dir ein bisschen Zeit, um die Tiefen deines un-
bewussten Erlebens zu ergründen. Sorge dafür, dass du
ungestört bist und ganz für dich sein kannst. Ich mag es
sehr, mir dazu mit Räucherwerk, Kerzen, Musik einen
atmosphärischen Tempel zu kreieren. Ich schenke mir
damit eine heilige Zeit.

Schließe deine Augen und verbinde dich mit einigen Atem-
zügen mit deiner Innenwelt. Lass dich in dir, in deinem
Herzensraum, nieder. Komme dort ganz an. Es ist dein
Atem, der dich führt und dich in dir Platz nehmen lässt.

Dann bitte deine Angst dazu, lade sie dazu ein, dir in
deinem Herzensraum Gesellschaft zu leisten. Wenn du ihre
Anwesenheit fühlen kannst, bitte sie um einen Dialog:
»Warum zeigst du dich in meinem Leben? Was willst du
mir sagen? Welchen Hinweis willst du mir damit geben?
Worauf darf ich meine Aufmerksamkeit lenken?«

Schenke dir die Zeit, die es braucht, bis die Angst antwor-
tet. Das kann manchmal dauern. Es ist nicht wie beim
Pingpong, und vielleicht reagiert das Unterbewusstsein
nicht sofort mit einer Antwort auf die Frage. Erlaube dir
euer MiteinderSein. Bleibe mit der Angst. Verweile mit der
Angst. Atme zu ihr hin und schenke ihr mit deinem Atmen
deine Liebe, so als wolltest du ihr sagen: »Ich nehme dich
an. Ich akzeptiere dich. Es gibt keinen Grund, dass du
dich nicht zeigst.« Bleib mit der Angst in deinem Herzens-

raum, schenke euch die Zeit. Du wirst sehen, die Angst verändert sich. Ganz oft kann sie dann auch gehen. Oder einfach nur sein, dies im wahrsten Sinne aller Worte. Die emotionale Ladung kann sich (auf)lösen. Wenn die Angst (noch) nicht gehen kann oder du nicht ausreichend Zeit hast, mit ihr zu verweilen, weil in deinem Alltag vielleicht ein Termin wartet, dann nimm die Angst an deine Seite, umarme sie mit deinem Herzen, nimm sie mit in dein Leben und erlaube ihr, einfach nur zu sein. Gehe jedoch eine innere Vereinbarung ein, dass du sie nicht mit Aufmerksamkeit nährst und ihr keine weiteren Gedanken schenkst.

Oftmals meinen wir nur, dass das Gefühl, das wir in Verbindung mit Veränderung in uns wahrnehmen, Angst ist. Vielmehr zeigt sich oft Unsicherheit. Wir haben eine Ahnung davon, dass sich etwas wandeln will. Zunächst ist diese Veränderung aber noch nicht greifbar. Wir spüren, dass wir das Bekannte verlassen werden, doch wir haben an dieser Stelle noch keine Idee, was stattdessen den Platz einnehmen könnte. Veränderung wird Spuren hinterlassen und immer Konsequenzen mit sich bringen. Welche das sind, liegt zu Beginn des Prozesses noch im Dunkeln. Dies bewegt und berührt uns emotional, wir fühlen uns unsicher. Für viele Frauen wirkt Unsicherheit wie ein rotes Tuch – vor allem dann, wenn sie sich in ihrem alltäglichen Leben zu sehr im Yang-Modus aufstellen und die männliche Energiequalität dominiert. Der männliche Aspekt will wissen, er will ein Ziel definieren können, die Umstände kennen, die Gefahr benennen, um sich notfalls verteidigen und kämpfen zu können. Deshalb können Frauen Angst und Unsicherheit nicht aushalten und reagieren darauf, indem sie sich wieder in ihre Höhlen zurückziehen. Frauen gehen lieber in ihre scheinbar sichere Komfortzone und verharren in der unveränderten Situation, statt dem Ruf der Seele zu folgen und der Unsicherheit zu begegnen, sie anzunehmen und zu transformieren. Übrig bleibt die Sehnsucht nach dem wahren Selbst.

In der Unsicherheit entfaltet sich ein ganzes Konzept an Emotionen: Unentschlossenheit, Ohnmacht, Willenlosigkeit, Stimmungsschwankungen, Ungeduld, Ratlosigkeit und die Schwierigkeit, Entscheidungen zu fällen gehören dazu. Sie wirken als innere Barrieren gegen die Veränderung, die sich Frau eigentlich wünscht. Wenn wir an dieser Stelle auf die Sicht der Seelenebene wechseln, erkennen wir, dass es der Seele darum geht, für sich selbst einzustehen und die eigene Kraft zu entdecken. Die Thematik von Vertrauen in sich selbst offenbart sich. Wenn wir dieses Seelenthema auch auf die Körperebene holen und damit in jenen Bereich, in dem es sich als Beschwerden manifestiert, bemerken wir sie als Rückenschmerzen, Bandscheibenprobleme, Schmerzen entlang der Beine, Nackenschmerzen, Kopfschmerzen, Stirnhöhlenentzündung.

Aus meiner täglichen Praxis und meinem eigenen (Er-)Leben weiß ich, wie oft wir Frauen genau darunter leiden. Der Körper zeigt uns auf, dass die Veränderung notwendig ist. Er drängt uns immer wieder dazu, nach unserer weiblichen Essenz zu forschen. Wenn wir die Angst aus ihrem Yang-Modus holen und sie umwandeln, erfahren wir sie im Yin-Modus als Vertrauen. Es ist die weibliche Alchemie, die in ihrer weiblichen Essenz des Yin heilt.

Das Yin-Prinzip-Ritual
»Wandle die Unsicherheit«

Unsicherheit ist als Emotion der Angst sehr nahe. Sie ist an sich ein diffuses Gefühl. Man fühlt sich wie im Nebel. Unsicherheit umarmt alles, was für uns im Kontext zur Veränderung (noch) im Nebel liegt. Deshalb liegt der wahre Weg darin, die Aspekte des Nebels sichtbar zu machen.

Schenke dir Zeit für dich. Sorge dafür, dass du ungestört bist, und erlaube dir, dich zu entspannen. Denn nur im entspannten Modus ist es möglich, sich zu öffnen. Diese Grundregel gilt auch für uns selbst. Es ist stets unser Atem, der uns Entspannung ermöglicht. Deshalb schließe deine Augen und atme einige Zeit tief und ruhig. Lass deinen Atem rund werden und nimm wahr, wie sich Entspannung in deinem Körper ausdehnt. Fühle immer wieder nach, ob du dich irgendwo in deinem Körper noch ver- oder angespannt fühlst. Dann atme bewusst dahin, als würde dein Atem diese Spannung lösen und sie mit dem Atmen aus deinem Körper hinausbewegen. Dann bitte dein Unterbewusstsein und alles, was damit im unsichtbaren Feld verborgen und verknüpft ist, sich dir mit diesem Ritual zu zeigen. Atme einige weitere Male bewusst in dich hinein und nimm so mit deinem inneren Ich Kontakt auf. Fühle die Präsenz von »Ich« beim Einatmen und »bin« beim Ausatmen. Dieses Ich-bin-Atmen stellt eine Verbindung zu deinem inneren Selbst her. Wenn du fühlst, dass du bei dir angekommen bist, ersuche »deine innere Frau«, für dich zu wirken. Sie repräsentiert dein wahrhaftiges Selbst, ohne alle Anpassungen und Zurückhaltungen. Bitte sie, dir zu zeigen, was Veränderung für dich und dein Leben be-

deutet. Bitte sie auch darum, dir ebenso zu zeigen, inwieweit Unsicherheit diese Wandlung noch blockiert. Unsere Innenwelt kommuniziert mit uns oft auf der Ebene des Fühlens und der Bilder. Bitte ganz klar darum, ohne Erwartungshaltung oder Vorstellung. Richte einfach deine innere Intention danach aus, dass du »sehen« möchtest. Schenk dir selbst dazu die Erlaubnis und auch die Ermächtigung, Informationen über dein Selbst zu erhalten. Auf diesem Weg darfst du sehen und erkennen, was dir (noch) unsicher scheint. Bitte dein Unterbewusstsein, über die Verbindung deines inneren weisen Wissens die möglichen Spuren und Konsequenzen aufzuzeigen, die Veränderung mit sich bringen wird. Bitte auch darum, dass die innere Frau Ideen und Impulse hinterlegen möge, wie du dich mit dieser Unsicherheit in deinem Alltag befassen und sie auflösen kannst. Schenke dir für diesen Prozess ausreichend Zeit. Die Qualität von Zeit und Geduld entspricht deinem inneren Yin. Schenke ihm bewusst in allen deinen Ritualen den Raum.

Nach der Meditation nimm dir Zeit für deinen Ausdruck und die Magie des Schreibens. Notiere deine Gedanken zu den Themen Unsicherheit und Veränderung, möglicherweise erreichen dich dabei auch die Lösungen.

Manchmal kommt in solchen Meditationen scheinbar »nichts«. Meine Erfahrung hat mich gelehrt, dass die Ursache dafür zum einen zumeist unser kritischer Verstand ist, zum anderen unsere Erwartungshaltung. Beides steht im Weg. Es ist eine Sache der Übung, hier zu vertrauen und dem Prozess die Zeit zu schenken, die es braucht, bis dein Unterbewusstsein dir verlässlicher Partner für Meditation und innere Kommunikation ist. Übung macht die Meisterin, immer wieder.

Bis dahin kannst du aber auch mit dem »bewussten Bewusstsein« arbeiten und deinen kontrollierenden Geist als Arbeitspartner gewinnen.

Du brauchst dafür ein Notizbuch, ein Schreibgerät und eine Uhr. Dann schließe deine Augen und fühle in dein Herz. Atme einige Zeit die Verbindung des »Ich-bin«. Dann beginn zu schreiben:

* *Wie soll sich dein Leben als Ausdruck deiner weiblichen Essenz offenbaren?*

Widme dieser Frage zehn Minuten, schreibe alle Wünsche, Visionen, Träume hinsichtlich deines FrauSeins auf. Notiere alles, was dir in den Sinn kommt. Bewerte nicht, analysiere nicht. Dann widme weitere zehn Minuten der Frage:

* *Was konkret muss sich dazu in deinem Leben ändern?*

Sei so konkret und direkt wie möglich. Notiere es wie eine To-do-Liste. Nenne die Schritte der Veränderung direkt beim Namen. Erlaube dir keinen Ausdruck darum herum. Bewerte und analysiere nicht. Erlaube dir auch die Vielfalt. Es geht nicht darum, ob es möglich ist. Es ist wie ein Wunschzettel an dich selbst.

Im dritten Schritt betrachte diese Veränderungen:

- *Welche Unsicherheiten bringen sie dir möglicherweise mit ins Leben?*

Erlaube dir auch jetzt wieder jede Fantasie. Drücke alles aus, was irgendwie an Gedanken und Bildern in dir ist. Eventuell hast du auch schon Ideen, wie du diese Unsicherheiten unterstützen kannst, welche Lösungen sich anbieten könnten, wie sich deine Gedankenwelt sicherer fühlen könnte.

Dieses Ritual kannst du noch vertiefen, indem du es an sieben aufeinanderfolgenden Tagen wiederholst. Besonders kraftvoll zeigt es sich, wenn du auch denselben Zeitpunkt dafür wählst. Ich empfehle dafür den Morgen. Das Schreiben sollte die erste Tätigkeit zum Tagesbeginn sein. Nach Abschluss der gesamten Ritualfolge betrachtest du die Vielfalt deiner Aufzeichnungen. An dieser Stelle nun ein »Geheimnis« von mir zu dir: Das Leben tickt nicht wie unser Verstand. Unser Verstand sammelt alle Möglichkeiten an Konsequenzen, an Unsicherheiten. Er ist penibel. Alles, was er je gehört, gesehen, beobachtet, wovon er je gelesen hat, wird der Verstand auch ins Spiel bringen. Das Leben zeigt sich anders. Sei dir gewiss, es wird nur der ein oder andere Punkt als Unsicherheit deiner Liste eintreffen.

Macht das nicht Mut? Macht es das nicht einfacher? Dem einen oder anderen Widerstand lässt sich doch begegnen. Den einen oder anderen Sturm kann man überleben. Für die eine oder andere Herausforderung kann man den Mut aufbringen. Für die eine oder andere Hürde hat man die Kraft. Für die eine oder andere Frage findet sich bestimmt eine Antwort. Das Leben ist nicht so kompliziert, wie es uns der

Verstand vorgaukelt. Nährt dies nicht dein Vertrauen in dich selbst?

Fehlt es (noch) an Selbstvertrauen, liegt da ein ganzes Bündel in uns verborgen, das entdeckt werden will. Zumeist hat die Erziehung bereits an den kleinen Mädchen ihre Spuren hinterlassen, die als Prägung ein Leben lang wirken: Kleine Mädchen sind schwach. Kleine Mädchen können dies und jenes nicht schaffen. Und selbst, wenn sie es versuchen wollten, hieß es »Du bist ein Mädchen. Du kannst das nicht, du darfst das nicht. Das ist nichts für Mädchen«. All diese Aussagen haben sich in unserem Selbstwert festgesetzt und verhindern, dass wir einen Schatz an Selbstvertrauen aufgebaut haben.

Mangelndes Selbstvertrauen ist immer in guter Gesellschaft: Man wagt es nicht, für sich einzutreten, man fühlt sich ohnmächtig, es fehlt das Selbstbewusstsein, man meint, abhängig von anderen zu sein. Mangelndes Selbstvertrauen hat bekannte Begleiter: Sorgen, Misstrauen und Angst vor der Zukunft.

Ein Kreislauf scheint sich zu schließen, die Katze beißt sich in den Schwanz. Viele Frauen finden sich genau darin wieder und sind damit ahnungslos, wie sie wohl den Ausweg aus dieser Situation finden könnten.

Das Yin-Prinzip-Ritual der inneren Quelle

Unsere innerste Essenz ist vollkommen. In dieser Vollkommenheit gibt es kein »zu wenig« und kein »nicht vorhanden«. Weder an Selbstwert noch Selbstvertrauen, weder an Selbstbewusstsein noch Selbstsicherheit. Es ist das Leben selbst, das uns in manchen Aspekten in ein Verpuppungsstadium geschickt hat. Der Auftrag unserer Seele liegt darin, bestimmte Qualitäten, Aspekte, Anteile zu entwickeln und unsere Größe zu entfalten.

In unserem Sein sind wir mit der göttlichen Schöpfung verbunden, und wenn wir dem Gedanken der Vollkommenheit Vertrauen entgegenbringen können, darf sich auch das Bild zeigen, dass wir alles in uns tragen und darauf zurückgreifen können. Es braucht nicht viel mehr, als dass wir es tun. Unser Wissen darf sich in Gewissheit wandeln. So möchte ich dir an dieser Stelle eine ganz einfache Möglichkeit reichen, wie du aus deinem Inneren schöpfen kannst. Gehen wir davon aus, du nimmst wahr, dass du mehr Selbstvertrauen brauchst. Für all deine Schritte und Herausforderungen in deinem Leben ist genug Selbstvertrauen in dir vorhanden. Aus-reich-end. Ja, du bist reich an Selbstvertrauen. So lass uns dies fühlen.

Schenke dir Zeit, nimm Platz. Für diese Meditation empfehle ich dir, dich hinzusetzen. Dann schließe die Augen. Setze die Intention, dass die nächste Zeit ganz dir gehören wird. Du wirst ungestört sein, ungestört von der äußeren Umgebung und ungestört von der inneren Umgebung deiner Gedankenwelt. Und mit diesem Bewusstsein ermögliche dir Entspannung. Loslassen bedeutet sein lassen, jetzt keine Aufmerksamkeit zu geben, stattdessen mit der Aufmerksamkeit ganz bei dir sein und bleiben. Spüre, wie du dich in dich hinein entspannst und dabei mehr und mehr in dir ankommst, ganz in dir Platz nimmst. Spüre dein inneres Zentrum, wo das Leben entsteht, in deinem Bauchraum. Von dort bist du auch mit dem Leben selbst und darüber hinaus mit der Schöpfung verbunden. Visualisiere deine innere Quelle, es ist die Quelle deiner

*Vollkommenheit. Sie sprudelt wie ein sanfter Springbrun-
nen und wechselt immer wieder die Farbe. Nun bitte mit
deiner Gedankenkraft um jene Qualität, die dich aus
deiner inneren Quelle heraus erreichen soll. (In unserem
Beispiel: Selbstvertrauen). Der Springbrunnen wechselt die
Farbe und nun ist es, als ob du selbst zum Springbrunnen
wirst. Mit deinem Einatmen steigt die Qualität aus der
Quelle in dir deine Wirbelsäule hoch und sprudelt über
dein Kronenchakra in dein Energiefeld, deine Aura, hinein.
Bleib bei diesem Atmen. Selbstvertrauen sprudelt in der
Quelle, mit dem Einatmen steigt es in dir auf, erfüllt dabei
deinen ganzen Körper, und mit dem Ausatmen sprudelt
die Energie von Selbstvertrauen in deine Aura. Nimm dir
dazu ausreichend Zeit und verweile in diesem Geschehen,
bis du spürst, dass du innerlich kraftvoll und vollkommen
mit Selbstvertrauen erfüllt bist, genau wie dein ganzer
Körper und dein feinstoffliches Feld. Dann lass das Bild des
Springbrunnens und der Quelle innerlich verblassen, sich
in den Hintergrund verabschieden. Die Farbe der Qualität
bleibt. Es ist, als würden dein Körper und dein Energiefeld
in dieser Farbe leuchten. Gehe dann behutsam aus der
Meditation hinaus und zurück in deinen Alltag.*

*Um die Kraft des Rituals zu verstärken, kannst du diese
Farbe in irgendeiner Form tragen, als Kleidungsstück,
Accessoire, Schmuckstück, oder du platzierst etwas in
deinem Umfeld, sodass du sie immer sehen kannst, dich
wieder damit verbindest und unbewusst diese Energie
stets erneut in dir wahr-nimmst. Damit stärkst du ihre
Präsenz und holst sie in deinen Alltag, wo du sie bewusst
einsetzt und lebst.*

Du kannst dich über dieses Ritual mit allen Qualitäten, Energien und Eigenschaften verbinden, besonders dann, wenn du findest, dass sie aktuell nicht oder zu wenig vorhanden sind. Deine Intention und deine Gedankenkraft sind ausreichend, der Springbrunnen wird seine Farbe wechseln und dir das entsprechende Potenzial zur Verfügung stellen. Dank deiner inneren Ausrichtung verbindest du dich mit der Energie. Durch wiederholtes Üben und Spüren wird sie mehr und mehr Teil von dir. Einfach so.

Es kann sein, dass Prägungen und Gedankenmuster des alltäglichen (Er-)Lebens diese Energien scheinbar erneut blockieren. Dann wiederhole einfach nach Bedarf dieses Ritual. Deine innere Quelle ist unerschöpflich.

Die innere Frau

Wenn wir den Blockaden, der Angst und der Unsicherheit erst mal begegnet sind, zeigt sich bald noch jemand in Rufweite: die innere Frau. »Lebe lebendig!«, ruft sie uns immer wieder zu. Denn nur wenn sie in uns lebendig ist, können wir sie auch bewusst erkunden und ihre essenzielle Energie leben. Auf den ersten Blick mag der vorangegangene Satz widersprüchlich erscheinen, als ob man sich im Kreis drehen würde – was denn nun zuerst? Genau so führt uns die weibliche Entdeckungsreise – im Kreis. Vorwärtskommen, indem man sich im Kreis bewegt? Gegen dieses Bild wehrt sich unser Verstand. Das darf er, die Muster von Yin sind ihm noch nicht vertraut. Er funktioniert viel besser in seiner linearen Struktur, einer Ausrichtung von Yang. Doch der Weg des Weiblichen ist nicht linear. Yin bewegt sich in Wellen und

Kreisen, nährend in sich, als unentwegter Prozess. Anders und klarer ausgedrückt: Hast du einmal deinem Wunsch nach mehr Frausein mit einem Ja geantwortet, ist der Weg als solcher dein Ziel. Niemals ist das Ziel das Ziel. Der Weg offenbart sich dir, während du ihn gehst, und das endgültige Ziel erreichst du vermutlich nie. Darin liegt der Segen: stetiges Ergründen, weitere Tiefen, hinein in das Dunkel des Unbekannten, zugleich sich finden in der Tiefe und das Licht im Dunkeln sehen, erfahren, genießen.

Unsere Prägungen, die Erfahrungen des Lebens und die daraus kreierten Handlungsmuster haben uns Frauen von der eigenen inneren Frau entfernt.

Allein dass du dieses Buch liest, zeigt mir, dass du den Ruf bereits hörst. Es gilt nun, ihm zu antworten. Der Weg ist voll behutsamer Annäherung und kleiner Schritte, die dich wieder mit der inneren Frau in Kontakt bringen. Schenke deiner inneren Frau Zeit und Raum mit einem regelmäßigen Ritual. Je öfter du das tust, umso stärker wird die Beziehung zu deiner inneren Frau. Dies ist ein Akt des Nährens, zunächst. Doch mit der Zeit wirst du sie als deine innere Begleiterin wahrnehmen, ihre Stimme wird stets präsent sein, dich liebevoll führen, dich erinnern an deinen Weg hin zu dir selbst und auch daran, deinen Alltag immer mehr so auszurichten, dass die Qualität von Yin nicht mehr hungert, sondern genährt wird. Yin soll ein gegensätzlicher Pol sein, eine gleichwertige Kraft. So kann der Kreis sich schließen, so kann Heilung geschehen, zwischen den inneren weiblichen und männlichen Anteilen. So wirst du ganz zur Frau.

Das Yin-Prinzip-Ritual
»Begegnung mit der inneren Frau«

Schenke dir Zeit, in ungestörter Stille. Schaffe dir eine Tempelatmosphäre, denn die Kontaktaufnahme mit deiner inneren Frau ist ein heiliger Akt, jedes Mal. Es ist wie die Geburt deiner selbst, ein Geburtsakt des neuen Frau-Seins, individuell und kollektiv. Gestalte die Atmosphäre entsprechend: Zünde eine Kerze an, wähle meditative Musik, erfülle den Raum mit sanftem Duft. Dann schließe deine Augen, sei bereit und offen für eine besondere Begegnung.

Genieße das Dunkel hinter deinen Augen und lass dich von deinem Atem führen, entspanne dich und komme tief in dir an, in deinem Herzensraum. Nimm dort Platz. Schenke diesem Ankommen und der Kontaktaufnahme die entsprechende Zeit. Eile nicht. Dies ist eine Heimkehr. Komm ganz bei dir selbst an, bei deinem innersten Wesen, lass alle Rollen deiner selbst, die du in deinem Alltag nützt, zurück. Mit jedem Ausatmen atmest du weg, was nicht du bist. Es ist wie ein Entkleiden auf emotionaler Ebene. Gib alle Rollen ab, alle Masken, alle Bilder. Lass die Hüllen fallen. Entledige dich, bis alles von dir abfällt, was du »eigen«tlich nicht bist. Jetzt darfst du … nur du sein.

Wenn du fühlst, du bist ganz bei dir, dann lade deine innere Frau ein, rufe sie zu dir, bitte darum, dass sie sich dir zeigt und dass sie als Erscheinungsbild jenes einer Frau wählt, das dein Wahrnehmen unterstützt.

Wenn dir die innere Frau erscheint, bitte sie um ihre Unterstützung und dass sie dir offenbaren möge,

- *welche Aspekte deiner Weiblichkeit in deinem Leben hinsichtlich deiner Persönlichkeit (ver)hungern,*

- *in welchen Bereichen deines Alltags dein FrauSein nicht entsprechend berücksichtigt wird,*
- *in welchen Situationen deines Lebens du deine weibliche Persönlichkeit zurückdrängst.*

Welche Fragen es auch sind, die dir am Herzen liegen, richte sie an deine innere Frau. Du wirst Antworten erhalten. Gestatte deinem kritischen Verstand zu ruhen, für ihn ist diese Art von Kommunikation zunächst noch neu und ungewohnt. Erlaube auch ihm zu lernen, sich zurückzunehmen. Sei geduldig mit deinem Verstand und seinem Bedürfnis zu kontrollieren.
Bleib mit deiner Aufmerksamkeit beim Dialog mit der inneren Frau. Nimm die Informationen an, die dich erreichen. Manches wird dich in Worten erreichen, manches in Gefühlen, manches in Bildern. Es darf sein, was kommt und was ist. Bewerte nicht, analysiere nicht, freu dich über die Hinweise und nimm sie entgegen wie Geschenke, bereit, sie auszupacken. Schenke dem Prozess die Zeit, die es braucht. Verweile darin.

In diesem Ritual soll nicht nach Ursachen gesucht werden. Unserem analytischen Verstand würde es entsprechen, sofort die Hintergründe zu durchleuchten, Motive zu erforschen, womöglich »Schuldige« zu finden. Verstehen, analysieren, bewerten, zuordnen sind Aspekte aus dem Grundmuster des Yang. Um die weiblichen Aspekte zu heilen, ist es notwendig, dass wir diesen Weg bewusst be- und verlassen. Wir wenden uns dem Weiblichen zu. Immer wieder, ohne Absicht. Wir öffnen uns (Yin), um Botschaften zu empfangen (Yin) und ihnen den Raum (Yin) zu geben, um zu sein. Wir bleiben in Verbindung, scheinbar absichtslos gehen wir den Weg des Yin. Wir nähren den Prozess mit Hinwendung, Hingabe, Vertrauen und (vorerst) Nichts-Tun. Dies sind allesamt Aspekte des Yin.

Der Schlüssel für diesen Weg ist Hingabe und In-Verbindung-bleiben. Ich selbst habe auf meinem Altar eine kleine Schale, die ich, wenn ich bewusst in einen Prozess gehe, diesem Prozess widme. Nach einem solchen Ritual, einer solchen Meditation schreibe ich die Informationen jeweils als Ein-Schlüsselwort-Botschaft auf einen Zettel und lege ihn in die Schale. Sie symbolisiert die Gebärmutter, das Empfangen von Leben. Der Impuls dazu kommt irgendwann, wie bei einer Schwangerschaft. Die Schale nimmt einfach auf, auf ganz unspektakuläre Weise. Einfach da sein. Bedingungslos sich dem Neuen anbieten und hingeben.

Ich begrenze mich dabei auf die wichtigsten sieben Wörter oder Hinweise. Ein solches Ritual behalte ich wenigstens für den Rhythmus der heiligen Sieben bei, entweder einmal, zweimal oder bestenfalls dreimal sieben Tage, das sind dann 21 Tage. Nach einem solchen Zeitraum ist »das neue Wissen«, das ich aus meinem Unterbewusstsein geholt habe, auch in meinem Bewusstsein verankert. Es kann sein, dass ich mich täglich mit der inneren Frau verabrede, aber nicht mehr unbedingt um neue Information bitte, sondern vielmehr mit ihr zusammen für jene Informationen, die ich bereits habe, bete – auf unterschiedliche Art und Weise. Oftmals wähle ich dazu entsprechende Musik, Mantren, die ich höre oder selbst (mit)chante. Dazu verbinde ich mich über eine Einstimmung mit der Energie meiner inneren Frau, bitte meine spirituellen Begleiter hinzu, damit sie mit ihrer Präsenz die Schwingungsfrequenz erhöhen, dann lese ich meine Kärtchen, in der Art, wie man Fürbitten vorträgt. Mit dem Chanten oder der Musik bitte ich um Heilung. Heilung geschieht durch Veränderung. In diesem Fall besteht die Veränderung darin, dass wir die weiblichen Aspekte, die wir (noch) nicht gelebt und ergründet haben, in unser Sein integrieren. Kommen sie erst einmal beständig in unserem Bewusstsein an, beeinflussen sie auch unser Leben.

Wenn wir Frauen dieses starke innere Bedürfnis nach Veränderung wahrnehmen, kommt es oft vor, dass wir zugleich eigenen Begrenzungen begegnen. »Eigentlich geht es mir ja gut. Eigentlich habe ich alles, um glücklich zu sein: eine Familie, ein schönes Heim, ein gutes Leben. Wer bin ich, dass ich es mir zugestehe, unzufrieden zu sein?«

Zweifel und Fragen wie diese höre ich oft. Die Frauen erzählen mir dann von ihrem schlechten Gewissen über die vermeintliche Unzufriedenheit. Eine Prägung, die vielen Frauen vertraut ist. Wir sind an ein unermessliches Gedächtnis an Erinnerungen gebunden, an die Rolle der Frau, des Mädchens, den Wert des Weiblichen über Jahrhunderte und Generationen, in denen sich Frauen unterordnen und zufriedengeben mussten. Selbst unsere Großmütter, oftmals Mütter, gaben und geben sich mit ihrem Leben zufrieden. Nicht selten ergaben und ergeben sie sich ihrem Leben. »Man muss zufrieden sein«, ist eine Haltung, der man oft begegnet. Bescheidenheit wurde als Tugend definiert, bloß nicht unzufrieden sein, bloß nicht nach dem Mehr streben.

Unzufriedenheit ist unerwünscht. Ich habe vom Leben gelernt und für mich entdeckt, dass Unzufriedenheit ein inneres Warnsignal ist, das mich darauf hinweist, dass ich nicht mit mir selbst in Einklang bin. Anders ausgedrückt, etwas in mir ist nicht in (seiner) Ordnung, sodass ich meinen inneren Frieden dazu nicht spüren kann. Meine Seele, meine Innenwelt kann ihre Zustimmung nicht geben. So ist Unzufriedenheit für mich stets eine Aufforderung, nachzuforschen und zu ergründen, worin die Ursache dazu liegt. Vielleicht ist dir an dieser Stelle aufgefallen: Ich wende mich mit meiner Unzufriedenheit an – mich. Das ist ein wesentlicher Aspekt des neuen Bewusstseins, von dem unser Leben heutzutage getragen ist. Wenn wir uns mit der Unzufriedenheit an unser Umfeld wenden und dies und jenes, diesen und jenen für schuldig befinden, agieren wir aus der Opferrolle heraus. Sie zeigt sich hier sehr subtil. Indem wir die Verantwortung dem Umfeld zuschieben, kreieren wir auch eine Blockade hin zum Fluss der Energien – wir kommen nicht voran. Wenden wir uns jedoch zu uns selbst und nach innen, um zu ergründen, was wir tun könnten, wo es Veränderung braucht, dann wird die Unzufriedenheit zu einem wertvollen Kompass. Nehmen wir sie wahr und sorgen für Ausgleich, braucht es später selten die lauten Hilferufe der Seele, die wir als Krankheiten und große Dramen in unserem Leben erfahren. Oftmals sind es im rechten Augenblick nur geringfügige Anpassungen, kleine Kurskorrekturen, minimale Veränderungen, und schon fühlt sich alles wieder rund an. Rund – das Bild des Kreises, Ausdruck des Yin.

Die Verbundenheit zu unseren Müttern, Großmüttern und darüber hinaus

Für viele Frauen wirkt das Schicksal ihrer Ahninnen als Begrenzung: »Mir darf es nicht besser gehen als meiner Mutter.« Dadurch schleicht sich der Lebensweg der Mutter in das eigene Leben, und oft glaubt man, ein ähnliches Schicksal und ähnliche Themen zu haben, vor allem in den Bereichen Beziehung, Partnerschaft, Sexualität, des Körpers und auch in Bezug auf die Stellung in der Familie und in der Gesellschaft.

In ihrer ursprünglichen Natur sind Frauen sehr loyal zueinander und stets bereit, sich miteinander in einem Kreis einzufinden. Dazu gibt es auch einen Schattenaspekt. Die Nähe, die wir aufgrund familiärer Konstellationen spüren, bindet uns auf unsichtbare Weise, wir zeigen uns loyal. Wir fühlen uns unloyal, wenn wir uns aus dieser Verbundenheit lösen und uns ein Mehr zugestehen. So sind die Schicksale der Ahninnen für viele Frauen derart prägend, dass sich manche unerwünschte Lebensthemen scheinbar hartnäckig halten. Aus einer unbewussten Loyalität zu den Frauen leben wir dieselben Leben, angepasst an die aktuelle Gesellschaftsform.

An dieser Stelle schenkt uns auch das Bild der Blutsverwandtschaft Klarheit. Was uns Frauen körperlich ausmacht, fand seinen Ursprung im Körper unserer Mutter, mit ihr waren wir physisch eins. Und sie ihrerseits mit ihrer Mutter, unserer Großmutter. Dasselbe gilt auch für die energetische Verbindung. Von Mutter zur Tochter wirkt stets ein starkes Band, stärker, als uns manchmal lieb ist. Und in dieser Reihe ist jede Mutter Tochter und jede Tochter auch Mutter, weshalb dieses Band uns alle verbindet. Wir sind in unserer Ahnenreihe und in den Geschichten aneinander gebunden – im wahrsten Sinne des Wortbildes.

Wenn ich in meinen Seminaren oder in der Einzelarbeit mit Frauen die Ahnenlinie löse, scheuen viele davor zurück. Auch hier wirkt die Urloyalität, wir sind und bleiben miteinander verbunden. Wir tragen dasselbe Schicksal. Damit aber jede Frau als Einzelne sich ent-wickeln kann, ist es nötig, sich von den Unfreiheiten der Ahnenlinie zu lösen. Ausdrücklich möchte ich betonen, dass wir niemals das Band der Liebe trennen, wir lösen nur die Verstrickungen, die uns in unserem individuellen (Er-)Leben unfrei machen. Auf dem Weg zu unserer inneren Essenz ist es ausschlaggebend, sämtliche Verbindungen zu trennen, die uns in unserem eigenen individuellen Sein und WerdenWerden begrenzen.

Das Yin-Prinzip-Ritual für die Auflösung von Begrenzungen

Schenke dir ein bisschen Zeit, um mehr von dem zu ergründen, das Einfluss auf dein alltägliches Leben hat. Sorge dafür, dass du ungestört bist und ganz für dich sein kannst. Ich mag es sehr, mir dazu mit Räucherwerk, Kerzen, Musik einen atmosphärischen Tempel zu kreieren. Ich schenke mir damit eine heilige Zeit.

Schließe dann deine Augen und verbinde dich mit einigen Atemzügen hinein in deine Innenwelt. Lass dich in dir, in deinem Herzensraum, nieder. Komme dort ganz an. Es ist dein Atem, der dich führt und dich in dir Platz nehmen lässt. Dann bitte deine Ahnenreihe mütterlicherseits zu dir, deine Mutter, deine Großmutter, deine Urgroßmutter. Heiße sieben Frauen deiner Ahninnenlinie willkommen. Gemeinsam findet ihr euch in einem Kreis um ein Feuer wieder. Links von dir steht deine Mutter, rechts von dir die älteste Frau der Ahnenreihe. In euren Händen haltet ihr ein goldenes Band, das euch alle miteinander verbindet. Spüre nun in dieses goldene Band hinein und fühle die Kraft deiner Ahninnen, fühle die Geschenke deiner Ahninnen – die dir wertvoll sind, für dich selbst und in deinem täglichen Leben. Spüre, dass all das, was dich ausmacht, im Feld deiner Ahninnen hinterlegt ist. Atme dies tief in dein Bewusstsein. Es ist nicht notwendig, dass du Details erfährst. Nimm es in seiner Gesamtheit wahr und spüre die Kostbarkeit deiner weiblichen Linie. Verweile einige Zeit in dieser Wahrnehmung und lass sie tief in dich einsinken. Dann verliert das Band seine goldene Farbe und lässt dich alle leidvollen, schmerzvollen Erfahrungen deiner Ahninnen mitfühlen. Alle Auswirkungen dieser Erlebnisse, die auch dich beeinflussen, haben dich über das energetische Feld erreicht und sich als Prägungen und Glaubens- und Handlungsmuster in deinem Unterbewusstsein festgesetzt. Atme tief ein und aus.

Gemeinsam bewegt sich der Kreis der Frauen nun auf das Feuer der Transformation zu. Gemeinsam übergebt ihr nun dieses Band an das Feuer, atme dabei tief ein und aus, als wolltest du mit deinem Ausatmen auch alle Energie, die dazu in dir ist, in das Feuer hineinatmen, und mit dem nächsten Atemzug stets die Freiheit, als transformierte Qualität, zu dir zurückatmen.

Dieser Prozess nimmt sich die Zeit, die er benötigt. Schenke ihm den Raum und deine Geduld.

Wenn das Band verbrannt ist und du sowie alle sieben Frauen ihre eigene Freiheit bewusst in sich als neue Kraft spüren, tretet vom Feuer sieben Schritte zurück. Die älteste Frau sagt: »Ich gebe dir die Freiheit für dein eigenes Erleben und löse dich aus dem Muster meiner Erfahrungen.« Du hörst den Satz weitere Male, jede Frau spricht ihn als Mutter zur nächsten Frau. Wenn deine Mutter als Letzte diese Worte gesprochen hat, dann nimm sie an und antworte: »Ich nehme meine Freiheit an und gehe damit in die Kraft meines eigenen FrauSeins.« Atme einige Male tief ein und aus und schenke diesem Bewusstsein den Raum.

Dann reicht euch die Hände. Ein Kreis in einer neuen Qualität entsteht. Die Verbundenheit in Liebe möchte sich in ihrem Ausdruck offenbaren. Links von dir steht deine Mutter. Empfange nun über deine linke Hand bewusst die Liebe, die von deiner Mutter zu dir fließt. Spüre sie in deinem Herzen. Lass sie dort einen See füllen, nähre ihn auch mit deiner eigenen Liebe für deine Ahninnen, und dann lass sie von dort weiterfließen zu deiner rechten Hand, weiter zur linken Hand der Frau, die rechts von dir steht, die älteste deiner Ahninnen. So fließt die Liebe im Kreis. Von Herz zu Hand, von Hand zu Herz, ein Fluss der Liebe. Dann löst eure Hände. Spüre weiterhin die liebevolle Verbundenheit dieses Frauenkreises, als würden unsichtbare, energetische Hände die Verbindung der Liebe halten. Fühle: Liebe fließt. Fühle: Liebe schließt den Kreis. Nichts als Liebe.

Genieße diese Erfahrung, lass sie tief in dich sinken und nimm sie in ihrer ganzen Qualität an. Fühle, wie kostbar die liebende Verbindung zu deinen Ahninnen und von deinen Ahninnen zu dir ist. Liebe ist ausreichend und steht über allem.

Wenn es getan ist, spüre die Dankbarkeit in deinem Herzen, dass genau dieser Kreis von Frauen sich für dich kreiert hat, über Generationen von Leben. Dann lass das innere Bild verblassen, das Bild der Ahninnen aus deiner Wahrnehmung verschwinden. Spüre nochmals nach, dass du nun mit deinem Leben ganz für dich allein stehst, dass du liebevoll verbunden bist mit den weiblichen Ahninnen, aber von allem befreit und gelöst, was nicht der Liebe dient. Komme dann behutsam wieder in deine körperliche Wahrnehmung und von dort in dein alltägliches Empfinden und in deinen Alltag zurück. Das Leben ruft und will gelebt werden.

Um dieses Ritual bewusst in den Alltag zu integrieren, könntest du vielleicht einem Foto einen besonderen Platz in deinem Umfeld geben. Zumeist ist dies bis zur Urgroßmutter oder Ururgroßmutter möglich. Eine andere Idee ist, selbst ein Ahninnenbild zu gestalten. Du könntest eine Fotocollage basteln, malen, mit Figuren oder Gegenständen deine Ahninnen aufstellen. Kerze oder Blumen, die du dort immer wieder platzierst, bezeugen die Ehrerbietung, die du deinen weiblichen Vorfahren gegenüber empfindest.

Mit diesem Ritual geben wir auf einer anderen Ebene des (Er-)Lebens unseren weiblichen Ahninnen Platz in unserem Leben. Es ist schwierig zu beschreiben, wie es sich anfühlen kann. Denn auch das ist sehr individuell. Doch lass dir versichert sein, es ist Teil eines friedvollen, heilsamen Prozesses auf dem Weg zu deinem FrauSein, deiner eigenen Essenz, deinem wesentlichen Selbst.

Viele Frauen erleben gerade die Beziehung zur Mutter (oder zur Tochter) als problematisch, nämlich anders, als sie sich diese Beziehung vorgestellt haben. Die Vorstellungen selbst sind immer Bilder des Außen, die uns irgendwann erreicht haben und die wir als eigene Wertvorstellungen angenommen haben. Enttäuscht müssen wir meist erkennen, dass diese Bilder nicht Teil unseres Lebens sind. Für viele Frauen ist diese Erkenntnis schmerzhaft. Erwartungshaltungen werden nicht erfüllt, sie müssen losgelassen werden. Jegliche »Kinoleinwand«, die wir vor die eigene Wahrheit des Miteinanders gestellt haben, darf verschwinden. Wir sehen unseren eigenen Film, ungeschminkt. Wir sind konfrontiert mit unserem eigenen Erleben der Beziehungen zwischen Mutter und Tochter. Jeder Schein löst sich auf. Eine (unwirkliche) Welt bricht zusammen, und die Wirklichkeit zeigt sich. Das mag herzzerreißend sein, scheinbar.

Die Arbeit mit den Frauen und mein eigenes (Er-)Forschen des Lebens, des Wahrnehmens und der Zusammenhänge in meinem Weltbild erinnern mich immer wieder an den spirituellen Aspekt unserer Beziehungen zu anderen Menschen. Auf unserer Seelenebene haben wir uns mit der Inkarnation bewusst für dieses Leben mit all seinen Umständen und Erfahrungen entschieden. Dazu haben wir bestimmte Themen und Ereignisse gewählt. Mit anderen Seelen sind wir Vereinbarungen eingegangen, damit diese Erfahrungen im Miteinander möglich werden. Im Prinzip ist im Kleinen und Großen jede Begegnung mit einem Menschen ein solcher Seelenvertrag. Jeder Mensch bringt etwas in unser Leben, in einem Augenblick oder über eine längere Zeitspanne.

Menschen, die uns längere Zeit begleiten, sind auch in unsere Lernprozesse integriert, im Dienste unserer persönlichen Entwicklung. Manche Prozesse sind lebensbegleitend angelegt. Auch wenn wir das in unserem Alltag oft nicht wahrhaben wollen und unsere einzige Intention darin besteht, manche Erfahrung und manchen Entwicklungsschritt möglichst schnell hinter uns zu bringen. Oftmals ist es einfach Teil des Lebensplans, den wir für uns angelegt haben, dass wir den Themen wieder und wieder begegnen und sie stets in einer neuen Tiefe sehen dürfen. Es bedeutet nicht, wie wir oft meinen, dass wir »zu wenig intensiv« daran gearbeitet hätten.

Das Erwachen der Weiblichkeit ist als Prozess immer lebensbegleitend angelegt. Weiblichkeit ist niemals ein Ziel, sondern ein WerdenWerden.

Auch dazu haben wir Seelen an unsere Seite geholt, die uns dementsprechend lange begleiten. Mütter und weibliche Vorfahren übernehmen damit die Rolle, dass wir uns von »alten Bildern« lösen, uns bewusst für ein neues (Er-)Leben entscheiden und damit auch für einen individuellen Weg. Die aktuelle Zeitqualität befreit uns von einem konformen Bild, erinnert uns an die Einzigartigkeit, die jede von uns als Individuum verkörpert. In der neuen Zeitqualität unserer Epoche sind wir nun aufgefordert, die Gemeinschaft neu zu (er)-leben. Unsere jeweilige Einzigartigkeit macht in der Gesamtheit die Vielfalt aus. Grenzen können sich nur dann auflösen, wenn wir dieser Einzigartigkeit mit Akzeptanz, Respekt und Wertschätzung begegnen – uns selbst und unseren Nächsten gegenüber.

So ist der Weg zur eigenen weiblichen Essenz immer ein individueller Weg. Es braucht den Mut und die Akzeptanz für ein freies Ich.

Selbstwert als Türöffner

Wie überall in der bewussten Persönlichkeitsentwicklung begegnet uns auch in diesem Bereich das Thema Selbstwert. Bin ich es mir (überhaupt) wert, mir meine Tiefe zu offenbaren? Bin ich es mir (überhaupt) wert, mir das Me(e)hr des Lebens zu eröffnen? Erkenne ich, dass ein Leben in noch mehr Fülle, Freude, Glück, Vitalität, Leichtigkeit und Liebe mein Geburtsrecht ist? Und darüber hinaus wage ich es, dies mit einem kraftvollen ›Ja, ich will all das‹ als mein Lebensmotto zu definieren? Das sind die Fragen, die wir uns stellen.

An dieser Stelle zögern viele Frauen. Doch die einzige richtige Antwort lautet: »Ja!« Denn Selbstwert ist der essenzielle Wert, der alle anderen Werte unseres Lebens entscheidend beeinflusst. Selbstwert ist der Schlüssel für ein erfülltes Leben und die treibende Kraft, die uns dabei unterstützt, uns den Herausforderungen unserer Entwicklung zu stellen.

In allen Aspekten der Entwicklungsarbeit an sich selbst geht es um das Selbst. Und da begegnen wir zunächst Themen, die einander die Hand reichen: Selbstwert, Selbstliebe, Selbstvertrauen, Selbstbewusstsein. Sie zeigen sich in vielen Facetten. Und manchmal möchte man meinen, diese Geschichten finden nie ein Ende. Einerseits ja, andererseits nein. Der Ruf der Seele, sich mehr und mehr hin zu seinem Selbst zu bewegen, ertönt wohl ein Leben lang. Das Selbst offenbart uns einen Lebensweg. Liebe, Vertrauen, Bewusstsein und den Wert zu erkennen sowie all das zu leben präsentieren sich manchmal als Hausaufgaben oder als Meisterwerke des Lebens. Das darf sein. Mit dieser Erkenntnis nehmen wir diesen Themen die emotionale Ladung und akzeptieren sie als wertvolle Begleiter. Sie stehen uns stets zur Seite, niemals mehr im Weg. Indem wir scheinbare Hürden als Begleiter unserer Persönlichkeitsentwicklung sehen, befreien wir sie von ihrer scheinbaren Aufgabe als Sabotage, Verhinderer, Blockadenträger. Als Begleiter bekommen sie den Auftrag zu unterstützen, sie ebnen uns Wege und öffnen uns Tore in unsere Innenwelt.

Ich habe im Verlauf dieses Buches schon mehrere Möglichkeiten aufgezeigt, um in Kontakt mit dem eigenen Selbst zu kommen, insbesondere das Yin-Prinzip-Ritual »Begegnung mit sich selbst«.[10]

Selbstliebe ist die liebevolle Umarmung deiner selbst, die Gewissheit über deine Größe und das Potenzial, das in dir ruht. Selbstwert ist der Motor, die Energie, die dich bewegt, dieses Potenzial zu ergründen, dir deine eigene Essenz zu offenbaren. So werden Selbstliebe und Selbstwert zu Schlüssel und Tor für ein erfülltes Leben.

Ute schreibt:
»Ich und meine Bedürfnisse waren nie wichtig«
Mein Vater war ein sehr cholerischer Mensch, der selten seine Liebe zeigen konnte. Meine Mutter traute sich nie, ihm zu widersprechen oder sich ihm gegenüber selbstbewusst zu zeigen. Es gab viel Streit und Ärger in unserer Familie. Mit zwölf Jahren schickten sie mich in ein Inter-

---

10 s. Kap. Störfaktoren für die weibliche Alchemie; Das Prinzip von Oberflächlichkeit als Schattenaspekt, S. 84

nat. Ich hatte großes Heimweh. Meine Eltern erlaubten mir aber nicht, das Internat abzubrechen. Ich musste dort bleiben. Mein Körper reagierte auf den seelischen Kummer mit körperlichen Schmerzen. Der Arzt konnte keine Krankheit feststellen. Dennoch empfahl er meinen Eltern, mich im Internat zu belassen, mit der Begründung: »Wenn Sie Ihrer Tochter erlauben, den Internatsbesuch zu beenden, wird sie später in ihrem Leben nichts durchziehen, stets zu schnell aufgeben.«

Ich lernte: Meine Bedürfnisse werden nicht gehört. Ich verschloss mich der Welt und mir selbst gegenüber und hielt durch. Alle Gefühle habe ich verdrängt, mir selbst gegenüber versagt. Die Jahre vergingen, ich heiratete, wurde Mutter. Erst für meine Kinder konnte ich meine Gefühlswelt wieder öffnen und fühlte mich ihnen sehr verbunden. Ansonsten aber lebte ich sehr oberflächlich und definierte mich ausschließlich über Äußerlichkeiten. Den Zugang zu meinen Gefühlen und Bedürfnissen hielt ich, außer in Bezug auf meine Kinder, weiterhin verschlossen: mir selbst, meinem Mann und allen anderen gegenüber. Dennoch begleitete mich stets das Gefühl, dass mir etwas fehlte. Immer wieder rief meine Seele, und ich vernahm ihre Stimme über verschiedenste Gefühle: Sehnsucht, Unzufriedenheit, Einsamkeit. Damals lernte ich einen Mann kennen und lieben. Doch wir waren beide verheiratet. Durch ihn kam ich in Kontakt mit der geistigen Welt. Er beschäftigte sich mit Spiritualität und erzählte mir von Themen, die für mich absolut neu waren. Das war der Beginn meines Wegs nach innen und meiner bewussten Entwicklung. Ich kam nicht mehr umhin, meine Bedürfnisse wahrzunehmen. Auch wenn sich diese Beziehung löste, ließ ich mich einige Jahre später scheiden. Ich musste meinen eigenen Weg gehen, meiner inneren Stimme Gehör schenken und ihr folgen. Das war nicht immer einfach, und es zeigte sich als große Herausforderung, meine eigene Kraft wiederzufinden.

Das Yin-Prinzip-Ritual für die Stärkung des Selbstwerts

Schenk dir Zeit, nimm Platz. Für diese Meditation solltest du sitzen. Dann schließe deine Augen. Setze die Intention, dass die nächste Zeit nur dir gehören wird. Du wirst ungestört sein, ungestört von der äußeren Umgebung und ungestört von der inneren Umgebung deiner Gedankenwelt. Mit diesem Bewusstsein ermögliche dir Entspannung. Loslassen bedeutet sein lassen, keine Aufmerksamkeit abgeben, stattdessen ganz bei dir sein. Spüre, wie du mehr und mehr in dir ankommst, ganz in dir Platz nimmst. Lege nun die rechte Hand auf dein Herz und nimm Verbindung zu deinem Herzchakra auf, fühle die Liebe deines Herzens. Verweile einige Atemzüge so, damit dein Bewusstsein sich tief mit der Liebe deines Herzens verbinden kann. Dann lege deine linke Hand unter deinen linken Rippenbogen. Dort sitzt im erweiterten Chakrensystem das Milzchakra. Ist die Energie dort klar und kraftvoll, gelingt es uns gut, uns selbst wahrzunehmen und unser Selbstbild und unseren Selbstwert zu spüren. Wir geben hier auch die Energie frei für unseren Selbstwert und entwickeln (im wahrsten Sinn des Wortes) die Qualität unseres Selbstbilds. Hier sitzt die Energie, sich so zu lieben, wie man ist.
Verbinde nun mit deinem Atmen die Energie des Herzens mit deinem Milzchakra. Manche mögen den direkten Körperkontakt nicht, sie können die Hände auch mit wenigen

Zentimetern Abstand vom Körper halten. Verweile in diesem Energiefluss so lange, bis du spürst, dass dein Milzchakra klar und in seinem Potenzial voll geöffnet ist und dass es hin zum Herzchakra und der Energie der Liebe harmonisiert.

Dann lass deine Hände sinken. Geh mit deiner Aufmerksamkeit wieder zum Milzchakra. Mit jedem Einatmen atme die Energie von dort in deinem Körper hoch, spüre sie im Herzchakra, und mit dem Ausatmen dehne diese Energie in deinen ganzen Körper aus. Verweile bei diesem Atmen, und wenn du das Gefühl hast, dass dein ganzes Körpersystem mit all seinen Zellen mit dieser Energie erfüllt ist, dann lass die Energie sich über den Körper hinaus in dein Energiefeld hinein ausdehnen. Auch diesem Prozess schenke Zeit. Wenn deine Aura ganz erfüllt ist, dehne sie mit deinem Atmen aus, lass sie wachsen. Beobachte, wie sich dein Energiefeld ermächtigt und Größe zeigt. Genieße diesen Prozess, dir selbst diese Größe zu ermöglichen und zuzugestehen.

Mit deinem weiteren Atmen verankere dies in deinem Bewusstsein und damit auch die Intention, dass du diese Größe in deinem Alltag leben möchtest, dass du für sie Raum schaffen und dein Bestes dazu beitragen wirst, dich nicht mehr klein oder unsichtbar zu machen. Denn jetzt ist die Zeit für ein unentwegtes, unbegrenztes Mehr von dir. Jetzt ist die Zeit für ein Ja zu deinem WerdenWerden, für deine wahrhaftige innere Essenz als Frau.

Erinnere dich immer wieder im Alltag an deine Größe und an das Energiefeld, das dich umgibt. Betrete mit diesem Bewusstsein einen Raum, schreite in diesem Gefühl durch Straßen und über Treppen. Schenke deiner Persönlichkeit ihren Raum im Außen und sorge immer für ausreichend Platz für dich. Richte dich auf, atme stets tief. Stell dich nie in eine Ecke – deine Größe will sich jederzeit entfalten.

Weibliche Alchemie als neues Bewusstsein

Wenn man sich der weiblichen Alchemie bewusst wird, die sich unser ganzes Leben hindurch ausdrückt, beginnen Frauen auch wieder zu fühlen und zu verstehen, was für ein großes Geschenk bewusstes FrauSein sein kann. Nach und nach verändern wir das Bewusstsein für unsere Weiblichkeit. Wir lösen uns von alten Überzeugungen, machen uns frei von kollektiven Begrenzungen und nähern uns Schritt für Schritt unserer weiblichen Essenz.

Ich verwende für den Weg der Heilung im Sinne des Yin-Prinzips gerne den Ausdruck »absichtslose Heilung«. Üblicherweise definieren wir ein Ziel des »gesunden oder veränderten Zustands«. Dieses Zielbewusstsein ist ein Aspekt von Yang, und in vielen Bereichen unseres Lebens ist dies auch durchaus wertvoll. Doch auf dem weiblichen Weg dürfen wir es wagen, uns »ziellos« zu unserer Heilung zu bewegen bzw. uns der Veränderung zu öffnen. Sich zu öffnen ist immer ein Akt der Hingabe an all das, was kommen und geschehen mag und damit auch ein Weg des Vertrauens. Vertrauen, Hingabe, Öffnen, Empfangen – dies sind Aspekte des Yin.

Hier möchte ich an das Urbild der Frau erinnern, das menschliches Leben schenkt. Wenn wir als Frauen uns dem neuen Leben öffnen (Yin), empfangen (Yin) wir den Impuls zu unserem Inneren (Yin) wie das Sperma zur Eizelle, und geben uns hin (Yin) an das, was geschehen mag, die Schwangerschaft (Yin). Wir stellen unseren Körper zur Verfügung, kreieren Raum (Yin) für das neue Leben (Yin) und sind im Vertrauen (Yin), dass geschieht, was geschehen mag, öffnen (Yin) uns dem göttlichen Schöpfungsprozess, dem WerdenWerden von Leben und sind damit auf tiefster Ebene verbunden mit dem Göttlichen (Yin). Indem wir in unserem Bewusstsein diese Verbindung halten, nähren (Yin) wir den Prozess mit unserem ganzen Sein. Wir bleiben im Vertrauen (Yin), dass es die entsprechend richtige Zeit (Yin) braucht, und schenken sie dem Prozess bis zum richtigen Augenblick, in dem wir das neue Leben gebären (Yin).

Dieses Bild von Zeugung – Schwangerschaft – Geburt können wir auf alle anderen Entstehungs- und Werdensprozesse übertragen.

Deshalb erkannte ich die »absichtslose Heilung« als einen der größten Schätze, die mir meine innere Frau aus meinem alten Heilwissen offenbarte. Wie ich es im Yin-Ritual »Begegnung mit der inneren Frau« erklärt habe[11], besteht der wichtigste Akt darin, dass wir die Bilder aus unserem Unterbewusstsein hervorholen und sie in unser Bewusstsein integrieren. Die innere Verbindung zu halten bedeutet »Raum geben« und »nähren«. Um Heilung bzw. Veränderung zu bitten und sie geschehen zu lassen, bedeutet »Vertrauen« und »Hingabe«. Zeit zu schenken und auf den rechten Zeitpunkt zu vertrauen, sind ebenso wichtige Aspekte des weiblichen Wegs. Der weibliche Weg ist kein Weg des aktiven, zielverfol-

---

11 s. Kap. Die innere Frau, S.128 und das entsprechende Yin-Prinzip-Ritual, S.130

genden Tuns, sondern vielmehr ein Weg des Fühlens, Nährens, Hingebens und Vertrauens. Es ist ein Weg des Seins.

Macht

In ihrer Essenz tragen Frauen eine mächtige Kraft, und eigentlich wissen sie das. Doch das Bewusstsein dafür ist oft blockiert, denn die Prägungen der »schwachen Frau« sind übermächtig. Als das »starke Geschlecht« gilt das männliche.

Es gab eine Zeit in der Geschichte, als die Männer die Urkraft, die die Frauen in sich tragen, fürchteten ebenso wie die natürliche Verbundenheit mit der Schöpfung, die sie als Frauen verkörpern. Im Mittelalter wurden Frauen deshalb verfolgt. Die Kirche kreierte das Bild, dass die Kraft der Frau eine Kraft des Bösen sei, und wurde dabei von der weltlichen Obrigkeit unterstützt. Das Gesellschaftsbild damals war frauenfeindlich. Im Wesentlichen wurde die Frau darauf reduziert, für Nachwuchs zu sorgen und den Pflichten als Mutter, Ehe- und Hausfrau nachzukommen. Es gab Frauen, die sich dagegen auflehnten, die sich nicht in ihr Schicksal fügen wollten und nicht an Normen halten wollten. Und da Frauen eine gute Verbindung zur Natur hatten, über Kräuter- und Heilwissen verfügten und über die Fähigkeit der Empathie und des Mitgefühls ein besonderes Gespür für die seelischen und körperlichen Leiden anderer Menschen hatten, wurden sie als Hexen bezeichnet. Damals war es für Frauen üblich, sich in Backstuben oder Spinnstuben zu treffen. Dadurch bekamen sie die Möglichkeit, sich auszutauschen und sich gegenseitig zu bestärken. Taten sich Frauen in Gruppen zusammen, wurde ihnen unterstellt, dass sie sich gegenseitig magisches Wissen beibrachten. Darum war es für die Frauen dazumal lebensgefährlich, sich mit all ihren Fähigkeiten zu zeigen und auszudrücken, gemeinsam zu sein.

Es waren die Frauen selbst, die aus dieser Angst heraus damit begannen, (unbewusst) diese Kräfte zu unterdrücken, zu verbergen, sie nicht mehr zu nützen und nicht mehr zu leben. Sie haben damit ihre Macht abgegeben und sich selbst in die Rolle der Ohnmacht begeben.

In der aktuellen Zeitqualität werden wir jedoch geradezu herausgefordert, uns an die Kräfte zu erinnern, die wir in uns tragen. Innere Kräfte »melden sich«, wollen, dass wir uns ihrer (wieder) bewusst werden, sie lebendig leben und erhalten. Das bedeutet auch, die eigene Macht wieder bewusst anzunehmen, eigene Fähigkeiten zu ergründen und zu leben.

Machtvoll und stark zu sein kann für viele Frauen eine schwierige Erfahrung sein. Die Rolle, beschützenswert und umsorgt zu sein, ist den Frauen und Mädchen vertrauter, beinahe möchte ich schreiben »angeboren«. Nun wieder in die Eigenmacht zurückzukehren, mag unsicher erscheinen und Angst hervorrufen. Was geschieht in unseren Leben, welche Konsequenzen fordern wir heraus, wenn wir uns wieder mit dieser Kraft verbinden und diese innere Stärke nähren? Es ist offensichtlich, dass wir damit die Veränderung ins Leben holen.

Wenn wir die unbewussten Programmierungen, dass Frauen »das schwache Geschlecht« sind, nicht auflösen, dann behalten wir auch Muster, die uns stets nur »nahe am Überleben« bleiben lassen. Ich wage zu sagen, dies ist mit ein Grund dafür, dass Frauen oft (scheinbar) weniger erfolgreich sind, finanziell schlechter dastehen und ihnen weniger Anerkennung zuteilwird. Eine Frau, die aktiv ihre innere Kraft lebt, sich ihrer Macht bewusst ist, wird gesehen, anerkannt und wertgeschätzt.

Im Gegensatz dazu können wir beobachten, dass sich Frauen heutzutage stark zeigen, im Sinne von »ich schaff das«. Es gelingt ihnen durchaus. Wir erleben sie als multi-taskingfähige Familienmanagerinnen. Sie sind »Macherinnen«. Allesamt bewegen sie sich dadurch in einem ausgeprägten Muster des Yang. Das ist eine durchaus kraftvolle und machtvolle Energie, die diese Frauen dennoch vom inneren Yin und von der Essenz des Weiblichen wegführt. Sie werden sich selbst fremd.

Natalie schreibt:
»Ich schaff das nicht mehr«
Manchmal habe ich das Gefühl, ich werde nicht als Frau wahrgenommen, sondern als »Mann«. Privat wie beruflich lädt jeder alles bei mir ab, nach dem Motto »Das schafft sie schon«. Keiner fragt mich, wie es mir dabei geht. Selbst wenn das Leben besonders intensive Zeiten zeigt, wie damals, als mein Sohn an Krebs erkrankte, fragt mich niemand, ob ich Hilfe und Unterstützung brauche. Jeder meint: »Du schaffst das schon.« Noch immer wird im Alltag alles bei mir abgeladen, die Probleme der Kinder oder meines Mannes, immer heißt es: »Du schaffst das schon.« Ich habe das Gefühl, ich werde nicht gesehen. Und selbst wenn ich mich mal dazu äußere, höre ich stets: »Es läuft doch gut. Du schaffst das ja.«
Ich frage mich, warum niemand sieht, dass ich auch schwach bin? Ziehe ich Menschen an, die nur meine starke Seite sehen?

Von vielen Frauen höre ich, dass sie sich auch mal »schwach« zeigen möchten, dass sie das Bedürfnis haben, beschützt und unterstützt zu werden. Ich wage hier stets, zu antworten, dass dem in Wirklichkeit nicht so ist. Ich stimme zwar zu, dass die Frau fühlt, dass ihr alltägliches Sein, eingebettet in Multitasking, Checken, Managen, Machen u. Ä. zu viel wird, und es ist offensichtlich, dass es nicht die Kraft des Yin ist, die sie bewegt. Ihre weibliche Intuition lässt sie dies spüren, und sie merkt, dass sie sich mit dieser Lebensweise von ihrer Yin-Essenz entfernt. Tun und Machen, Checken und Organisieren sowie Starksein fordert unsere Yang-Energie. Sie ist bei einem Großteil der Frauen zu stark präsent. Dies ist wider ihre Natur.

Die Lösung liegt nicht darin, die Yang-Werte abzulehnen in der Hoffnung, dass dies den heilsamen Weg öffne. Meine Arbeit offenbarte mir: Wenn eine Frau ihr alltägliches Sein und Tun nach den Yin-Aspekten ausrichten kann, kann sie sehr wohl auch machtvoll ihr weibliches Sein leben, indem sie die Qualitäten des Yang nützt. Fühlt eine Frau sich mit ihrer Yin-Essenz verbunden, hat sie kein Bedürfnis danach, schwach zu sein. Sie schöpft Energie aus ihrer inneren Essenz, ist angebunden an ihre innere Quelle der weiblichen Kraft, und sie erschöpft sich damit nicht. Energie verlieren wir, wenn wir uns wider unsere Natur ausrichten und dementsprechend auch wider unsere Natur handeln und leben. Eine Frau kann sehr wohl »machen«, doch würde ich es mit dem Wort »schöpfen« oder »kreieren« beschreiben. Dies ist ein Prozess aus dem WerdenWerden heraus. Keine lineare Abfolge (Yang) auf dem Weg zum Ziel (Yang), sondern vielmehr ein Muster aus Wellen (Yin), der Intuition (Yin) folgend. Dies definiert sich schließlich als Weg, der das Ziel ist. Der weibliche Weg schließt den Kreis (Yin). Darin liegt das Ziel. Der männliche Weg definiert eine Linie (Yang) zum Ziel, in geplanten (Yang) Schritten, analytisch nachvollziehbar, messbar (beides Yang).

Der heilsame Weg zur Essenz der Weiblichkeit braucht keine androgynen Wege, keine männlichen Strategien. Frauen können und dürfen heute weibliche Qualitäten dafür nützen. Und ich gehe so weit zu schreiben, dass Frauen, die »weibliche Qualitäten wählen« und sie in ihr Leben integrieren, auf diese Weise Heilung in alle Aspekte des Lebens und des Alltags bringen.

Wenn wir uns an dieser Stelle gedanklich mit den Begrifflichkeiten Ohnmacht und Eigenmacht beschäftigen, dürfen wir jenen Aspekt nicht übersehen, der den Kreis schließt: Vollmacht. Nur diese Qualität kann zur »Heilung« im Sinne der Vollständigkeit beitragen. Frauen wollen nicht nur aus der Ohnmacht zurück in ihre Eigenmacht, die innerste Frau ruft auch nach der vollen Macht und möchte, dass Frauen diese (aus)leben.

Das Yin-Prinzip-Ritual zur Annahme der eigenen Macht
Nimm dir Zeit für dich und sorge dafür, dass du ungestört bist und dich wohlfühlst. Ich kreiere mir dazu eine »heilende Atmosphäre« mit Musik, Duft und Kerze. Dann schließe deine Augen und sei bereit für eine Reise in deine Innenwelt. Genieße das Reisen, das Dunkel hinter deinen Augen, und nimm Platz in deinem innersten Raum, deinem Herzen. Lass dich in dich hineinsinken, entspanne und komme ganz in dir an ... Wenn du das Gefühl von »Ohnmacht« mit einer bestimmten Situation verbindest, dann visualisiere diese Vision. Wenn es eher ein allgemeines Thema ist und du es nicht mit einer konkreten Situation in Beziehung brin-

gen möchtest, ist dies ebenso möglich. Verbinde dich innerlich mit dem Gefühl der Ohnmacht. Spüre diese Ohnmacht in deinem ganzen Körper. Vielleicht spürst du sie auch in den Beinen, als ob du keinen Schritt mehr machen könntest, vielleicht in deinen Händen, als ob dir jede Möglichkeit des Zugreifens verwehrt bliebe, oder vielleicht spürst du die Ohnmacht auch in der Leere deines Kopfes, als würde dort eine Blockade sitzen, die dich nicht auf deinen Ideenreichtum für Lösungen und Antworten zugreifen lässt. Verbinde dich mit deiner Ohnmacht, nimm alle Fäden der Ohnmacht in deine Hand. Dann atme über geraume Zeit bewusst diese Ohnmacht aus, mit offenem Mund, sodass dein Ausatmen hörbar ist. Danach verweile ein bisschen. Schenke dir ein Rasten, um nochmals nachzufühlen, und mit einem tiefen Einatmen gehst du wieder in Kontakt mit deiner Ohnmacht, atmest sie geräuschvoll aus. Wiederhole dies einige Male. Dann entspanne dich, lass deinen Atem sanft werden und rund fließen. Nun lege deine Aufmerksamkeit auf dein Atmen. Atme die Eigenmacht ein, spüre, dass sie dich umgibt wie frische Luft und nimm wahr, wie gut es tut, wenn du sie einatmest. Mit dem Fluss des Atems verankere sie in deinem Körper. Schenke dir dazu Zeit.

Es kann gut sein, dass sich an dieser Stelle Personen zeigen, die an deiner statt die Macht übernommen haben. Warum dies so ist, ist im Moment nicht wichtig, dem gilt es jetzt nicht nachzufühlen. Wenn sich eine Person zeigt, erkläre ihr: »Ich hole meine Macht zurück zu mir.« Bitte Erzengel Michael hinzu und ersuche ihn, die Verbindungen, die nicht der Liebe dienen, zu dieser Person bzw. von der Person zu dir, mit seinem Lichtschwert zu trennen.

Zeigen sich mehrere Personen, dann wiederhole dieses Tun.

Kehre danach mit deiner Aufmerksamkeit zurück zur Eigenmacht, fühle, wie sie dich ganz erfüllt, und visualisiere sie als grüne, lichtvolle Energie, die in deinem Körper fließt. All deine Körperflüssigkeiten, das Blut, die Lymphe, leuchten grün, all deine Körperzellen leuchten grün, dein ganzes physisches Sein ist lichtvoll grün. Dann zeichne eine liegende Acht vor deiner Brust und sprich dazu (am besten laut): »Ich nehme meine eigene Macht wieder an. Sie darf mich mit voller Kraft erfüllen und in all meinem Sein und Tun mit ihrem ganzen Potenzial unterstützen. Ich erkläre hiermit, dass ich bereit bin, sie liebevoll und ganz zu leben.«

Dann atme dreimal intensiv ein und aus und spüre, wie sich diese Absichtserklärung in dir als inneres Commitment verankert. Danach öffne deine Augen und kehre in den Alltag zurück. Ich verwende gerne etwas als Anker, das ich täglich trage, zum Beispiel einen Ring oder ein Armband. Es erinnert mich an diese Vereinbarung mit mir.

Zurück zur weiblichen Essenz:
Die weibliche Spiritualität

Als Frauen haben wir nicht nur einen weiblichen Körper. Auch die Art und Weise, wie wir denken und fühlen, ist weiblich. Die Spiritualität der Frauen ist ebenfalls weiblich. Das göttliche Licht, das wir in uns tragen, enthält das weibliche Potenzial der Schöpferkraft. Die Frauen bringen neues Leben in die Welt. Über diesen Geburtsprozess offenbaren Frauen das göttliche Licht, das sie tief in ihren Instinkten und in ihrem Körper hüten. So schenken Frauen der Seele den Übergang zum Körperlichen. Damit hat der Körper der Frau etwas Heiliges und ist eng mit der weiblichen Spiritualität verbunden. Gelebte Spiritualität ist kein Spleen oder Hype der modernen Zeit, sondern ein innerer Auftrag des göttlichen Selbst. Die Zeitqualität ruft uns auf, dem Weiblichen eine neue Bedeutung zu geben und es neu ins Leben zu integrieren. Wenn Frauen diese spirituelle Verbindung mit sich selbst leben, wird das göttliche Licht sichtbar, es pulsiert in ihrem Wesen. Es strahlt aus ihren Augen und ihrer Aura. Der Körper der Frau ist für den spirituellen Weg nicht nur hilfreich, sondern essenziell. Im Unterschied zu den Männern ist die Spiritualität in ihrer weiblichen Essenz in den Frauen auf unbewusste Weise lebendig, wenn sie ihr Raum geben und intuitiv dem alten Wissen folgen. Männer müssen sich für das Erwachen ihrer Spiritualität meist einem bewussten Prozess öffnen, sie müssen »es« aktiv tun, was durchaus dem männlichen Yang-Aspekt entspricht.

Wenn der weibliche Körper entheiligt wurde, und dies ist in verschiedenster Art und Weise über Generationen hinweg geschehen, werden Spiritualität und Sexualität getrennt. Der weibliche Körper, Sexualität und alles, was damit zu tun hat, wurden in den Hintergrund und das Dunkle gedrängt, auf die Ebene von Sünde und Schuld. Die Kirche war daran maßgeblich beteiligt. Deshalb war der Bereich der Spiritualität über lange Zeit männlich orientiert, was zur Folge hatte, dass Spiritualität vom Körperlichen getrennt wurde – man denke hier an das Zölibat –, damit aber auch vom Menschlichen und von den weiblichen Werten für Spiritualität und Intuition.

Für die Frauen bedeutet dieser Verlust die Entbehrung der weiblichen Spiritualität sowie die Trennung von ihrem Zugang zum natürlichen weiblichen Wissen. Frauen haben ihr Wissen verdrängt und versiegelt, sie haben sich über die Jahrhunderte und Jahrtausende darum bemüht, sich ein männlich geprägtes Bewusstsein und den entsprechenden Umgang mit der Welt anzueignen. Einmal mehr: Es ist der Ruf der Zeitqualität, dass die Frauen sich wieder einer modernen, zeitgemäßen Spiritualität zuwenden, sich mit ihr verbinden und ihr in ihrem Leben wieder mehr Raum schenken, alltäglich und unspektakulär.

Viele Frauen haben Angst davor, sich spirituell zu zeigen. Sie kreieren eine »spirituelle Parallelwelt«, die nur hinter verschlossenen Türen, in Gruppen oder Seminaren gelebt wird. Auch dieses Verhalten führt zu einer Trennung und zu Dualität, die dann als innere Zerrissenheit spürbar wird.

Es ist essenziell, und wir Frauen kommen nicht umhin,

dass wir die Spiritualität in unser Leben integrieren und zu ihr als unserem weiblichen Wesensanteil stehen. Spiritualität bedeutet, sich seinem spirituellen Wachstum zu öffnen, und der spirituelle Weg ist immer ein Weg der Selbsterkenntnis.

Katrin schreibt:
»Ich wünsche mir neue Wege, ohne das alte Leben zu verlassen«
Ich erlebe in spirituellen Kreisen oft die Aufforderung, die Freiheit zu wählen und mein Leben zu ändern. Doch ich will weder meinen Mann verlassen, noch meinen Beruf aufgeben. Ich möchte, dass im Außen alles so bleibt, wie es ist. Trotzdem fühle ich, dass es für meine Weiblichkeit eine Veränderung in meinem Leben braucht. Wie kann ich diesen Weg gehen, ohne Mann und Familie zu verlassen?

Der Körper als Tempel

So mancher Leser mag an dieser Stelle verwundert innehalten. Was soll ein Kapitel, in dem es um Schönheit geht, hier? Schönheit und alle Themen rund um Beauty sind essenzielle Energie für unser FrauSein. Kosmetika, High Heels und Mode schenken der Frau zwar nicht die essenzielle Weiblichkeit von innen heraus, schließen eine spirituelle Lebensausrichtung aber auch nicht aus, im Gegenteil. Ich sehe in den Menschen die sprichwörtliche Krone der Schöpfung, einen Ausdruck des Göttlichen. So repräsentieren wir auch als Frau das Göttliche. Ich beobachte oft, dass viele Frauen zu wenig Freude und Genuss an ihrer eigenen Schönheit haben. Das erwachende Bewusstwerden und das gelebte Bewusstsein sind innere Aspekte der weiblichen Spiritualität. Inneres will stets mit dem Leben verbunden werden, also auch mit der Welt im Außen. Mit dem Zelebrieren des Schönheitsbewusstseins geben wir der weiblichen Spiritualität Vollkommenheit, erst dadurch wird sie ganz. Sie erhält Leben.

Es ist mir ein Anliegen, Frauen an ihre individuelle Schönheit zu erinnern. Viele Frauen mögen ihren Körper nicht. Zu sehr stecken sie in Mustern des Vergleichens[12] fest. In ihrem Äußeren wird oft ihre Einstellung zu ihrer Weiblichkeit sichtbar. Es scheint, als lehnten sie für sich eine feminine Erscheinung ab. Die Ursache dafür liegt nicht ausschließlich darin, dass sie es simpel mögen oder dass sie gar nachlässig wären, nein, viele Frauen reagieren damit auf die (unbewusste) Prägung »Ich bin nicht attraktiv«, »Ich zeige mich nicht« oder »Ich will nicht gesehen werden«. Oft sind sie unzufrieden mit ihrem Körper und legen wenig Wert auf ihr Äußeres. Sie verweigern Röcke, mögen kein Make-up, keine auffälligen Accessoires. Stattdessen wählen sie für sich Kleidung, die dunkel, praktisch, unweiblich, trist und unauffällig ist. Sie denken »Mir egal, es zählen sowieso die inneren Werte/ich habe keine Zeit/kein Geld/ich lege keinen Wert darauf/ich habe Kinder und muss nicht hübsch aussehen«.

Der Weg zur inneren Essenz erscheint mir wie der Mysterienweg in das Innerste eines Tempels. Es gibt in Indien und Bali Tempel, in deren Zentrum man nur gelangt, wenn man sich von Hof zu Hof und von einem Tor zum nächsten bewegt, um es zu durchschreiten, eines nach dem anderen. Man kann keines der Tore auslassen. Ähnlich verhält es sich mit dem

---

12 s. Kap. Die Essenz des FrauSeins, S. 58

Weg zur weiblichen Essenz. Wir bewegen uns von einem Tor zum nächsten. Eines der Tore ist jenes des Körpers. Wir kommen nicht umhin zu lernen, unseren Körper zu lieben und ihn zu verehren. Der Körper ist Ausdruck des göttlichen Prinzips, durch ihn passiert die Seele ein Tor auf ihrem Weg ins Leben. Durch den Körper verbinden wir Spiritualität nicht nur mit Frausein, sondern auch mit dem Leben und der Sexualität.

Wenn wir Frauen unseren Körper ablehnen, lehnen wir unsere innerste göttliche Essenz ab. Wir blockieren uns auf dem Weg des Vorwärtskommens. In meiner Arbeit mit Frauen, vor allem in den Seminaren, ist es mir wichtig, Frauen anzuregen zu experimentieren. Was bedeutet es, sich seiner Schönheit bewusst zu werden? Sich zu erlauben, die Schönheit (wieder) zu zelebrieren und stolz dem Umfeld zu zeigen? Dabei geschieht Heilung, hin zu jenen Erfahrungen, in denen wir uns ursächlich als »nicht schön« oder gar »hässlich« empfunden haben. Oft fielen diese Erlebnisse in unsere Pubertät, jenen Lebensabschnitt, in dem wir das Bewusstsein für Individualität entwickelten und statt Unterstützung oft gegensätzliche Erfahrungen machen mussten.

Gerade in der Zeit, als wir Teenager waren, haben wir oft schon die Basis für die Einstellung zu unserem Körper angelegt. Viele Mädchen erlebten es als problematisch, wenn sich ihr Körper veränderte, wenn sie zeitlich früher oder später dran waren als Freundinnen, wenn der Busen zu groß wurde oder zu klein blieb. Vielen Mädchen fehlte in dieser Zeit die entsprechende Unterstützung der Eltern, in erster Linie der Mütter. Auch wenn sie ohnehin die Themen oft mit Gleichaltrigen besprechen wollen, ist die Präsenz der Mutter wichtig. Von ihr will das Mädchen gesehen, wahrgenommen, ernst genommen werden. Oft reicht es, dass der Wunsch nach einer bestimmten Frisur oder einem Kleidungsstil nicht respektiert wurde, dass die junge Frau in einer Gruppe von Gleichaltrigen verspottet oder gar zur Außenseiterin wurde, um negative Prägungen zu bilden. Doch nicht nur junge Frauen erschweren sich das Leben bezüglich ihrer Erscheinung. Immer wieder machen Frauen unangenehme Erfahrungen in Bezug auf ihr Äußeres, indem sie abschätzige Kommentare von Freundinnen (»Du solltest mal was für dein Äußeres tun«), Verkäuferinnen (»Für Ihre Größe haben wir nichts«) und Sportfreundinnen bekommen (»Du hast keine typischen Läuferbeine«). Sogar ein einziger Satz, im (un)rechten Moment gehört, kann ein Leben lang Auswirkungen haben, z. B. »Du bekommst, wenn du älter bist, die gleiche Figur wie die Omi«, »Deine kräftigen Beine sind dieselben wie die deiner Mutter«. All diese Worte hinterlassen Spuren in der Seele der Frau und nähren die Ablehnung des eigenen Körpers.

Das Yin-Prinzip-Heilungsritual Nr. 1 für deine Schönheit
Nimm dir Zeit für dich und sorge dafür, dass du ungestört bist und dich wohlfühlst. Ich kreiere mir dazu eine »heilende Atmosphäre« mit Musik, Duft und Kerze. Dann schließe deine Augen und sei bereit für eine Reise in deine Innenwelt. Genieße das Reisen, das Dunkel hinter deinen Augen, und nimm Platz in deinem innersten Raum, deinem Herzen. Lass dich in dich hineinsinken, entspanne dich und komme ganz in dir an.
Bitte dein Unterbewusstsein, dir Zugang zu den verdrängten Erlebnissen für das blockierte Gefühl deiner Schönheit zu schenken. Schließe deine Augen und visualisiere einen Spiegel, in dem du dich siehst. Dann spüre in dein Herz,

fühle dort die Liebe. Atme in dieses Gefühl, sodass es stär-
ker wird und dir ganz präsent ist. In dem Moment, der für
dich stimmig ist, sende es kraftvoll wie einen Lichtstrahl,
einen Schweinwerfer zum Bild im Spiegel. Betrachte dich
im Licht der Liebe und spüre, wie das Spiegelbild sich mit
der Schönheit nährt. Schenke diesem Prozess die Zeit, die
er braucht. Dann, wenn es für dich richtig ist, lass das
Spiegelbild dir antworten, indem es den Lichtstrahl zu dir
zurücksendet, ihn spiegelt. Es ist, als ob es das Licht an
dich weiterleiten würde und nun du selbst der Empfänger
des Lichtstrahls wärst und im Scheinwerferlicht der Liebe
stündest. Fühle die Liebe zu dir. Von dir für dich … und
erlaube dir die Worte zu formulieren: »ICH BIN schön. ICH
BIN pure Schönheit.« Lasse dieses Gefühl tief in dein Be-
wusstsein sinken, und mit dem Atem verteile es in deinen
ganzen Körper, sodass alle Zellen und dein ganzes Sein,
bis hinein in dein Energiefeld, mit der Botschaft »ICH BIN
pure Schönheit« erfüllt sind. Genieße diese innere Ausrich-
tung. Zeichne abschließend eine liegende Acht vor deinem
Herzen, um dieses Gefühl in dir zu verankern. Dann lege
die Hand auf dein Herz und spüre nochmals dem Gefühl
nach. Öffne deine Augen und sprich laut »ICH BIN pure
Schönheit«. Halte die Energie dieser Affirmation präsent,
und wann immer du in den Spiegel siehst, lege deine rechte
Hand auf dein Herz und fühle die Verbindung zum Licht
der Liebe und der Schönheit. Sprich stets: »ICH BIN pure
Schönheit.«
Dieser Satz soll dich immer begleiten. Das Ritual darf dich
in deinem Leben wie in einer Endlosschleife mit dieser
Energie verbunden halten.

Es ist möglich, dass sich etwas in dir gegen dieses Gefühl wehrt, dass Prägungen und Glaubensmuster rebellieren und wirken, indem sie dir nicht erlauben wollen, diese Worte zu formulieren, du sie nicht über die Lippen bringst oder es dir kein gutes Gefühl schenkt, wenn du sie aussprichst. Wie oft haben wir anderes gehört? Oder auch erlebt, dass, wenn wir von unserer Schönheit gesprochen haben, jemand uns zurechtgewiesen hat: »Sei nicht so eingebildet.« Möglicherweise waren wir auch nur Beobachter, als eine Frau ihre Schönheit zelebrierte, und wir hörten, dass jemand anderer abfällig äußerte: »Die ist aber eingebildet.« Aus solchen Erlebnissen zogen wir den Schluss, dass es sich nicht gehört, sich selbst schön zu finden oder es gar auszusprechen. Jetzt ist die Zeit. Mach dich frei davon.

Das Yin-Prinzip-Heilungsritual Nr. 2 für deine Schönheit
Begib dich erneut auf eine meditative Reise in deine Innenwelt. Schließe deine Augen und lasse dich ruhig werden, atme gleichmäßig, entspannt und tief. Werde dabei ganz ruhig und komm in dir an. Nimm Platz in deinem Herzensraum und genieße es, für dich zu sein. Dann bitte darum, dass die Menschen vor deinem inneren Auge erscheinen mögen, die dein Bild für Schönheit negativ beeinflusst haben. Einer nach dem anderen. Was immer sie sagten, wie immer sie sich verhielten – es besteht keine Notwendigkeit, die alten Geschichten aufzurollen, aber gib ihnen symbolisch die Energie, die du von damals noch in dir hattest, zurück, zum Beispiel in einem Paket. Wähle dazu diese Worte oder ähnliche: »Das ist deine Sicht, sie entspricht nicht dem, was ich in mir sehe. Ich gebe sie dir zurück, belasse sie bei dir und das, was ich bereits über-

nommen habe, gebe ich dir jetzt und hiermit auch zurück. ICH BIN schön.«

Atme die Energie hin zu diesen Menschen, zu jedem einzelnen. Mit deinem Ausatmen löse die Muster in dir, sie dürfen dich mit jedem Atemzug verlassen, mehr und mehr. Es kann sein, dass dieses Lösen von den alten Mustern ein bisschen Zeit braucht. Erlaube dir dieses Geschenk der Zuwendung an dich. Verweile einige Zeit in diesem Prozess, dann komme in deinen Alltag zurück. Ich empfehle dir, diese Meditationen zu wiederholen, nicht weil sie nicht ausreichend gut oder intensiv absolviert wurden, sondern weil wir mit jeder Wiederholung eine andere innere Ebene unseres Bewusstseins erreichen.

Das Yin-Prinzip-Heilungsritual Nr. 3 für deine Schönheit
Schenk dir Zeit, in der du ungestört bist. Du brauchst dazu einen Spiegel, so groß wie möglich. Betrachte dich darin. Atme hin zu deinem Spiegelbild und lass dadurch eine innere Verbindung entstehen. Achte nun darauf, welcher Körperteil deinen Blick »ruft«. Nehmen wir an, es sind die Schultern. Betrachte deine Schultern liebevoll, fühle nach, wie sie bedingungslos für dich da sind und wie wenig Aufmerksamkeit sie von dir erhalten. Die Schultern sind das beweglichste Gelenk im menschlichen Körper. Sie schenken deinen Armen Beweglichkeit und geben deinem Oberkörper Haltung, Balance und Ausgleich für dein Auftreten, sie halten dein Aufgerichtetsein mit. Die Schultern zeichnen sich durch Belastbarkeit aus und tragen die Verantwortung mit, die wir im Leben bewusst und unbewusst übernehmen. Auch die Haltung hin zur Welt, den Men-

*schen und unserem Leben wird von den Schultern über-
nommen. Richte deshalb deine Bewusstheit darauf aus,
wie viel die Schultern für uns tun, wie selbstverständlich
das für uns ist. So spüre in deinem Herzen Dankbarkeit
und Liebe und lass beides hin zu den Schultern strömen.
Fühle, wie dieses Gefühl dort ankommt und wie gut es den
Schultern tut, dass du sie wahrnimmst, wertschätzt und
liebst. Schließe diesen Part ab, indem du nochmals die liebevolle Verbindung spürst und dann laut sprichst: »Ihr
Schultern, ich liebe euch. Ja, ich liebe euch so sehr.«*

*Lass deinen Blick weiter über dein Spiegelbild streifen und
achte darauf, welcher Körperteil dich als Nächstes ruft.
Dann wiederhole dieselbe Übung. Mach dir bewusst, was
dieser Körperteil für dich tut, mach dir bewusst, wie wertvoll er ist. Dann antworte auch diesem Körperteil mit Liebe
und Dankbarkeit, und schließ diesen Part erneut ab, indem
du laut sprichst: »…, ich liebe dich/euch«.*

*Lass dir diese Übung zur Gewohnheit werden, am besten
täglich. Kurze Momente können genügen, ein Blick in den
Spiegel, ein Körperteil, der um Aufmerksamkeit bittet, und
du antwortest in Dankbarkeit und Liebe.*

Die Kraft der Rituale entfaltet sich erst, wenn wir sie im Alltag mit unserem Handeln koppeln. Dies nenne ich »die Energien auf die Erde bringen« oder »Himmel und Erde verbinden«.

Wenn ich zum Beispiel meinen Körper mit Bodylotion eincreme, ist das eine gute Gelegenheit, die Gedanken das Tun begleiten zu lassen: »Du Oberschenkel, ich liebe dich. Du Knie, ich liebe dich. Ihr Füße, ich danke euch« usw. Diese Vorstellung mag dir jetzt vielleicht ein Schmunzeln ins Gesicht zaubern. Gut so.

Ich achte sehr auf mein Äußeres. Möglicherweise war das in früheren Jahren eine Sache der Eitelkeit. Doch mittlerweile ist es mir ein Ritual für meinen Alltag geworden. Auch wenn ich alleine bin und das Haus nicht verlasse, behandle ich meinen Körper und mein Äußeres wie einen Tempel meiner Seele. Mit dieser Ausrichtung pflege ich ihn nicht nur durch Körperübungen und Wellnesseinheiten, sondern ich achte auf meine Haut, meine Frisur und mein Make-up. Ich lege bewusst Schmuck an und mache mich so hübsch wie möglich. Meine Schönheitsrituale sind mir wie Gebete an das Gotteshaus meiner Seele. Ich lebe damit zum Außen, was meine innere Ausrichtung ist. Denn meine Seele ist der wertvollste Gast in diesem Haus, dem Körper. Und unsere Wohnungen präsentieren wir schließlich auch so schön wie möglich, wenn wir einen Gast erwarten.

Wie könntest du deiner Schönheit mehr Ausdruck geben? Wie kannst du dich als Kunstwerk der Schöpfung mehr ehren? Vielleicht wagst du Experimente mit deiner Kleidung, deinen Frisuren, dem Make-up und mit Schmuck. Wage es, auffälliger zu sein. Die Zeit von »Ich zeige mich nicht« oder »lieber unscheinbar« ist vorbei. Entdecke andere Seiten an dir! Wahrhaftige Schönheit kommt aus deiner innersten Essenz – und will auch nach außen strahlen. Die Welt soll es sehen, die Welt darf sich an dir erfreuen.

Zusätzlich kommt ein anderer Aspekt hinzu. Wie ich eingangs erwähnte, bin ich überzeugt davon, dass der Mensch die Krone der Schöpfung ist. Wenn wir diese Überzeugung achten und ehren, indem wir sie in unserem Leben leben, in unsere Handlungen integrieren, dann antworten wir auch dem Göttlichen mit einem JA. »Ja, so ist es. Der Mensch ist Schönheit pur, Ausdruck der Schöpfung.« Und noch weiter: »Ja, ich bin Schönheit pur. Ich bin die Krone der Schöpfung.«

Ergänzend möchte ich dir noch eine weitere Anregung geben: Verabrede dich mit einer Freundin, macht Fotos von euch. Tut das vor allem dann, wenn du jetzt denkst »Ich mag es nicht, fotografiert zu werden« oder »Ich bin nicht fotogen«. Öffne dich dafür, dich aus dieser Komfortzone herauszuwagen und Neues von dir zu erkunden.

Probiert euch aus in verschiedenen Posen, mit verschiedenen Make-ups, verschiedenen Frisuren, ja vielleicht sogar als Akt. Dann wähle Möglichkeiten, wie du diese Bilder in deinem Alltag platzierst, damit sie nicht aus deinem Blickfeld verschwinden. Eine Möglichkeit wäre, sie als Hintergrundbild auf deinem Smartphone oder deinem Computer zu verwenden.

Das weibliche innere Zentrum

Für viele Frauen ist der Gedanke, sich selbst in den Mittelpunkt des eigenen (Er-)Lebens und der eigenen Zuwendung zu stellen, unangenehm. »Sich von sich selbst ein Bild machen« und dieses zu lieben, beschreiben viele als »eingebildet«. Sich selbst zu bewundern, schön zu finden – ja, sogar in sich selbst verliebt zu sein, wird als Narzissmus bezeichnet. Diese Eigenschaften wirken als Konditionierungen, und wir haben gelernt, »das gehört sich nicht«. Diese Eigenschaften sind nicht tugendhaft für eine bescheidene und ehrbare Frau. Doch an dieser Stelle wissen wir nun bereits, dass wir in der neuen Zeitqualität neue Werte für uns finden und definieren wollen. Ja, wir ermächtigen uns als Frauen bewusst zu einem neuen FrauSein.

Es fällt vielen Frauen noch immer schwer, sich selbst als Herzstück der eigenen Aufmerksamkeit zu (er)leben, um das sich das eigene (Er-)Leben drehen darf. Stattdessen gelten ihre Aufmerksamkeit, ihre Zuwendung und ihr Tun der Familie, dem Beruf oder einem Ehrenamt. Daran und an die Zuwendung, die sie zurückbekommen, koppeln sie ihr Lebensglück. Das macht sie allerdings unfrei, abhängig von der Zuwendung anderer. Gibt es dort Schwierigkeiten, erleben sich die Frauen als unglücklich und oft sogar als wertlos.

Die aktuelle Zeitqualität ruft die Frauen zur emotionalen Freiheit. Dennoch haben sie Angst, dass sie als egoistisch bezeichnet werden, wenn sie sich selbst wichtig nehmen. Hier wird Eigenliebe fälschlicherweise als Ich-Sucht ausgelegt, und Egoismus bekommt eine negative Bedeutung zugeschrieben. Die Formulierung »Du bist egoistisch« erzeugt im anderen Schuldgefühle. Auf diese Weise kann man manipuliert werden, nämlich dahingehend, dass die Frau sich selbst und ihre Interessen zurückstellt. Wie bei allen Aspekten unseres Seins gibt es allerdings Sonnen- und Schattenseiten. Sich seinem Ich zuzuwenden, muss nicht bedeuten, dass dies auf Kosten und zum Nachteil der anderen geschieht. Ich erlebe vielmehr, dass Menschen, die den Weg der Persönlichkeitsentwicklung wählen und sich bewusst auf ihr Selbst besinnen, dies niemals zum Schaden der anderen tun, denn in der Bewusstwerdung ist man sich auch der Verantwortung seines Tuns bewusst. Sich selbst zuzuwenden offenbart sich als Tor, das es unbedingt zu passieren gilt[13] auf dem Weg zur innersten eigenen Essenz.

Für sich den Platz des Zentrums als Ausrichtung für das

---

13 s. Kap. Der Körper als Tempel, S. 159

eigene Sein und Erleben zu wählen bedeutet aber auch, sich des eigenen inneren Zentrums bewusst zu werden. Viele Frauen kennen die innere Verbindung zur eigenen Kraftquelle gar nicht. Ich habe während meines Schreibens immer wieder darauf hingewiesen, dass wir in uns eine Verbindung zur Quelle[14] tragen, Frau und Mann gleichermaßen. Die Frau verkörpert mit ihren weiblichen lebenskreierenden Organen das Prinzip der göttlichen Schöpfung. Der Körper der Frau ist heilig. Dieser heilige Ort, die Gebärmutter, erhält in der Regel viel zu wenig Aufmerksamkeit von den Frauen. Auf der feinstofflichen Ebene nimmt die Gebärmutter ebenso auf, um etwas in sich reifen zu lassen, wie wir es von Zeugung und Schwangerschaft kennen. Dieses weibliche Organ ist für die Frauen jenes Organ im Körper, das sie auf energetische Weise unterstützt, damit die Frauen ihr weibliches Potenzial auf natürliche Art und Weise kennenlernen. Die Gebärmutter trägt kein Wissen in sich, stellt uns nicht vor Entscheidungen oder lädt uns ein, zu analysieren, wie wir dies von unserem Verstand kennen. Vielmehr birgt sie die Geheimnisse und Weisheiten des Lebens als Mysterien in sich.

Die Gebärmutter ist der Barometer der Weiblichkeit. In der chinesischen Medizin gilt die Menstruation als wichtiges diagnostisches Instrument. Die Qualität des Blutes, die Art, wie das Blut aus der Gebärmutter fließt, und der Zeitpunkt geben präzise Auskunft über den körperlichen und seelischen Zustand und die Lebensqualität einer Frau. Viele Frauen spüren ihre Gebärmutter jedoch nur, wenn diese leidet und ihnen Schmerzen verursacht, vor, während oder nach der Blutung, bei Krämpfen oder durch die Wehen bei einer Geburt. Selbst

---

14 s. Das Yin-Prinzip-Ritual der inneren Quelle, S. 125

der Akt der Menstruation bekommt in unserem Kulturkreis zu wenig Aufmerksamkeit. »Die Tage« sollen Tage wie alle Tage sein. Das suggerieren die Werbung und die Pharmaindustrie. Gegen jede, so wird es definiert, Unpässlichkeit gibt es ein Mittel zu kaufen. Dass die Tage der Menstruation besondere Tage im Zyklus der Frau sind und sie zu dieser Zeit auch besondere Bedürfnisse hat, entschwindet zunehmend aus dem Bewusstsein der Frauen.

Sich mit seiner Gebärmutter verbunden zu fühlen, ihre Kraft als kostbaren Schatz wahrzunehmen kann für viele Frauen bedeuten, dass sie sich auch wieder mit ihrem Vertrauen und Bewusstsein verbinden. So wiederhole ich an dieser Stelle die wertvollen Energien: Selbstbewusstsein und Selbstvertrauen. Beides sind essenzielle Schlüsselqualitäten für das lebendige Erleben seiner Selbst.

Das Yin-Prinzip-Ritual der Verbindung hin zur Gebärmutter

Die Gebärmutter ist das innere Zuhause von uns Frauen. Das englische Wort für Heimat und Zuhause ist dasselbe: HOME. Im Zentrum dieses Wortes (h)OM(e) finden wir die Buchstaben OM. OM ist eine Silbe aus dem Sanskrit, die als heilig gilt und für den Urklang steht, aus dem das ganze Universum entstand. Was für ein wertvoller Gedanke, diese Information mit dem innersten Zuhause einer Frau zu verbinden, aus der ebenso alles Leben entsteht.

So suche dir für dieses Ritual ein Musikstück, das dem OM gewidmet ist. Ich mag dazu sehr gerne eine weibliche Stimme[15].

---

15 z. B. Jane Winther: Om Ahh Hum.

Nimm dir Zeit für dich und sorge dafür, dass du ungestört bist und dich wohlfühlst. Ich kreiere mir dazu eine »heilende Atmosphäre«.

Dann schließe deine Augen und sei bereit für eine Reise in deine Innenwelt. Genieße das Dunkel hinter deinen Augen und lass es deinen Atem sein, der dich entspannt. Fühle, wie du mit dem Entspannen immer mehr in dir ankommst. Lenke deine Aufmerksamkeit in deinen Bauchraum, dorthin, wo deine Gebärmutter sitzt. Für den Fall, dass sie operativ entfernt wurde, macht das keinen Unterschied. Energetisch nimmt sie noch immer ihren Platz ein. Lass es deinen Atem sein, der die Verbindung zur Gebärmutter stärkt und dein bewusstes Wahrnehmen auf deine Gebärmutter fokussiert. All dein Wahrnehmen von Gedanken oder Geräuschen oder anderen Regionen deines Körpers tritt in den Hintergrund. Öffne dich nun ganz der Musik und »höre« das OM mit deiner Gebärmutter. Spüre, wie du den Klang mit jeder Zelle des Organs aufnimmst, und fühle dem heilsamen Schwingen nach. Dann erlaube dir, dass du mit deiner Stimme auch das OM tönst und es bewusst hin zu deiner Gebärmutter klingen lässt, als einen heilsamen Laut mit der Schwingung der Liebe und der Heilung. Genieße dieses Nähren deiner Gebärmutter, nimm dir dazu ausreichend Zeit.

Vor allem, wenn du mit der Energie deiner Gebärmutter noch nicht so vertraut bist, empfehle ich, das Ritual bis an diese Stelle durchzuführen und es über einen Zeitraum etliche Male zu wiederholen.

Dieses In-dein-inneres-Zuhause-Zurückkehren können wir noch vertiefen, indem wir an dieser Stelle das Ritual fortführen (wenn es dir nach einigen Malen schon vertraut ist). Wenn du einige Zeit das OM hin zum inneren Zentrum getönt hast, lausche, welches Echo von deiner Gebärmutter kommt. Welche Energie wünscht sie sich noch von dir? Nehmen wir an, du fühlst »Freude«. Dann töne erneut ein OM als Urklang allen Entstehens hin zu deiner Gebärmutter und lasse es in der Frequenz von Freude schwingen. Visualisiere dazu die Energiequalität, die das OM trägt.

Du kannst das Ritual auf diese Art und Weise vertiefen, indem du mehrere Antworten deiner Gebärmutter empfängst. Was immer sie sich wünscht, antworte ihr mit den Frequenzen von Freude, Liebe, Gnade, Mitgefühl ... sei offen für alles, was kommen mag.

Bevor du nach dem Ritual in deinen Alltag zurückkommst, lege deine rechte Hand auf deinen Bauch und spüre hinein in dein weibliches Zentrum.

Nach dem Ende des Rituals stelle auch während des Tages immer wieder die bewusste Verbindung zu deiner Gebärmutter her, indem du die Hand auf deinen Bauch legst und einen liebevollen Gedanken in dein weibliches Zentrum schickst.

Solange die Frau ihre Gebärmutter nicht bewusst mit positiven Qualitäten nährt und füllt, fühlt sie sich in ihrem Tempel nicht wohl, und der Zugang zur größten weiblichen Kraftquelle bleibt verschlossen.

Stille, Gebet, Meditation

Stille ist eine starke Kraft, die man nicht spüren kann, wenn man spricht. Unser Leben hat uns so konditioniert, dass wir meinen, immer etwas sagen zu müssen. Auch ist es ein gängiges Vorurteil, dass Frauen es lieben zu reden. Das erscheint so, weil Frauen es lieben, miteinander zu sein. Erwachte Frauen, die sich ihrer eigenen Tiefe zuwenden, wissen auch um das Geschenk der gemeinsamen Stille. Stille ist eine weibliche Qualität. Sie verbindet uns mit unserer intuitiven Seite und zentriert uns in unserer Kraft. Ihre Qualität ist eine natürliche und entspricht dem weiblichen Urprinzip der Schöpfung. In der Stille geht es nicht darum, etwas zu tun, etwas Spezielles zu denken oder einer Anleitung zu folgen, Stille lehrt uns einfach zu sein, jenseits von Vorstellungen, Ideen und Formen. Stille schenkt uns einen Zustand der Zeitlosigkeit und führt uns in unserem Empfinden aus der Dualität. So wird Stille heilsam.

Ich empfinde die Stille als Uressenz meines Seins. Damit meine ich nicht, dass es besser wäre, stets still zu sein und zu schweigen. Sondern ich erfahre tagtäglich, dass ich in der Stille alles finde, denn – wie bereits ausführlich in vorangegangenen Kapiteln dargelegt – wir Frauen sind über unsere körperliche Essenz mit der Schöpfung verbunden. Und damit mit allem, was ist: mit dem Wissen um mein Leben, mit allem, was kommt, mit allen Antworten auf alle Fragen, mit allem, was ich brauche, um mein Leben und seine Herausforderungen zu meistern. Finde ich die Verbindung zu diesem inneren Wissensfeld, fühle ich mich auch sicher in meinen Entscheidungen. Ich spüre die Kraft der Aktion und des Agierens in mir. Deshalb ist mir die tägliche bewusste Stille so wichtig, und sie hat einen festen Platz zu Tagesbeginn.

Das Yin-Prinzip-Ritual der Stille

Es ist eine wertvolle innere Kraft und Ausrichtung für unser Leben, wenn wir es uns angewöhnen, aus der Stille heraus den Tag zu beginnen. So möchte ich dir an dieser Stelle den Impuls schenken, dass du dir unmittelbar nach dem Aufstehen eine kurze Zeiteinheit schenkst.

Setze dich dazu an den Platz, der dir bereits als Kraftplatz zu Hause vertraut ist, den Platz, an dem du meditierst und deine Rituale praktizierst. Mit dem Kreieren einer »heiligen Atmosphäre«, einer Kerze, einem Duft oder sanfter Musik setze ich die innere Intention für diese Meditationszeit.

Dann schließe deine Augen, erlaube dir, einfach nur zu sein. Es ist nichts zu tun, nichts zu denken, nichts zu folgen. Es mag sein, dass es anfangs für deinen Verstand noch ungewöhnlich ist, dass er ruhen soll, dir keinen Gedanken, keinen Impuls, kein inneres Bild kreieren muss. Deshalb fällt es leichter, wenn du dich als stiller Beobachter zu deinem Atmen gesellst. Beobachte, wie dein Atem mit dem Einatmen in deinen Körper fließt, und wie er mit dem Ausatmen den Körper wieder verlässt. Lass dieses Beobachten allmählich los und erlaube dir, einfach nur zu sein.

Wenn deine Gedanken aktiv werden wollen, kehre wieder in die Atem-Beobachter-Rolle zurück. Und dann lass dieses Bild erneut los.

Es ist zunächst eine Sache der Übung. Deshalb empfehle ich auch, sich dazu einen »Wecker« zu nehmen (vorzugs-

175

weise mit einem sanften Gongton) und die erste Einheit kurz zu stellen, vielleicht nur eine, zwei oder drei Minuten. Mit der Zeit der Übung kann die Dauer dann ausgedehnt werden.

Still sein zu können, auch die Gedanken still sein zu lassen, ist eine wertvolle Unterstützung im Alltag. Ich empfehle dir zu üben, und verspreche: Es lohnt sich. Für mich ist es auch ein Akt der Selbstliebe, der Zuwendung an mich, wenn ich mir diese Einheit schenke.

Die Natur

Es ist schwer, in Worte zu fassen, wie wertvoll die Natur mir über die Jahre des bewussten Seins geworden ist. Wenn wir erst gelernt haben, die Augen für ihre Geheimnisse zu öffnen, erkennen wir, dass in der Natur alles ist. In ihr umgibt uns die Schöpfung, sie spiegelt uns wider und erinnert uns, dass wir ein wichtiger Teil des Ganzen sind. So können wir uns in der Natur nicht nur regenerieren und stärken, wir finden und nähren in ihr auch das Gefühl, dass alles zusammengehört, vernetzt ist, eins wird.

Die Natur ist ein Ausdruck der weiblichen Energie.

Mutter Natur ist weibliche Energie, dies zeigt das Wort »Mutter«: Mutter Erde – Mutter Natur. Wir kennen auch andere Ausdrücke wie »Lady Gaia«. Allesamt weibliche Aspekte in der Qualität der Schwingung. Wenn wir uns in der Natur bewegen, lädt sie uns ein, Kontakt zu ihrer weiblichen Energie aufzunehmen, sie zu erkunden und anzuwenden. Die Natur wird uns zur Lehrerin, wenn wir unsere Augen öffnen und uns aufmerksam bewegen. An einer Stelle dieses Buchs habe ich geschrieben: »Das Milieu prägt das Individuum.«[16] Ähnlich kann man es auch hier sehen: Bewegt sich Frau viel in der Natur, dann harmonisiert die weibliche Energie der Natur die weibliche Energie der Frau. Anders formuliert, für Frauen ist es eine wertvolle Unterstützung, wenn sie mit der Natur in Kontakt sind.

Frühere Kulturen schwangen viel mehr im Einklang mit der Natur und lebten großes Verständnis für die weibliche Energie sowie große Achtung vor Schöpfung, Himmel und Erde. Die feinstoffliche Welt war ihnen vertraut.

Mit der Veränderung hin zum männlichen Prinzip verloren die Menschen diese Verbindung. Im Mittelalter wurde sie sogar bewusst verdrängt.[17] Die aktuelle Zeitqualität und der Ruf des weiblichen Weges führen uns wieder vermehrt hin zur Natur und dahin, ihre Mysterien zu erfahren. Natur und Mutter Erde sind Behüterinnen des alten weiblichen Wissens. Öffnen wir Frauen uns der Natur, öffnen sich uns die Türen zu diesem alten Wissen. Und umgekehrt. Dies ist ein Wissen, das uns allen hilft, wieder im Einklang mit der Erde, dem Leben und dem Göttlichen zu sein. So finden wir nicht nur in der Natur Geborgenheit und Heimat, sondern durch sie auch in uns selbst.

Die feinen Energien stimmen uns auf die unsichtbare Ordnung ein und unterstützen uns bei der Bewusstwerdung. Auch die Stille, die uns mit allem eint, finden wir in der Natur.

---

16 s. Kap. Ein Blick auf die Gegenwart oder Yang im Überschuss, S. 14
17 s. Kap. Eine kurze Reise durch die Geschichte, S. 11 / Macht, S. 150

Das Yin-Prinzip-Heilritual:
Die Verbindung mit Mutter Erde

Schenke dir Zeit in ungestörter Stille. Schaffe dir eine Atmosphäre des Tempels, denn die Kontaktaufnahme zu Mutter Erde ist ein heiliger Akt, jedes Mal. Gestalte die Atmosphäre entsprechend: Zünde eine Kerze an, wähle meditative Musik, erfülle den Raum mit sanftem Duft. Setze dich auf einen Sessel. Überschlage deine Beine nicht, stelle sie nebeneinander auf den Boden, lass deine Füße in Kontakt mit dem Fußboden sein. Dann schließe deine Augen. Genieße das Dunkel hinter deinen Augen und die Distanz zu deinem Alltag, die nun entstehen kann. Es ist dein Atem, der dich führt, um dich zu entspannen. Atme tief aus, und mit jedem Ausatmen fühle den Kontakt deiner Fußsohlen mit dem Boden. Sinke mit deiner Aufmerksamkeit tiefer und stelle nun über deine Füße den Kontakt zu Mutter Erde her. Sie ist es, die dich trägt, mit jedem deiner Schritte, ebenso mit jedem deiner Nicht-Schritte. Ob du dich bewegst oder ob du stehst, du bist stets mit Mutter Erde in Verbindung. Du bist niemals allein. Jeder Schritt, jede Berührung ist ein Kuss für Mutter Erde. So nimm dir Zeit und spüre dieser liebenden Verbindung zwischen dir und Mutter Erde nach. Öffne dich auch dem Gefühl, das dir Mutter Erde unentwegt übermittelt: Sie ist bedingungslos für dich da, sie ist dir bedingungslos nahe, sie zeigt dir bedingungslose Liebe in ihrer puren, weiblichen Essenz. Atme diese Liebe über deine Füße ein, und lass es diese Liebe sein, die deinen ganzen Körper erfüllt, aufsteigend aus dem Boden von Mutter Erde hin zu dir. Verweile in diesem Geschehen und genieße es, so sehr geliebt zu sein.

(Du kannst die Meditation an dieser Stelle beenden oder noch einen Schritt tiefer gehen, jetzt gleich, oder beim nächsten Mal, wenn du diese Meditation wiederholst.)

Mutter Erde liebt dich so sehr, dass sie auch jederzeit bereit ist, all das von dir zu nehmen, was dich belastet und was dir nicht guttut. Sie erlaubt dir, es über deine Füße zu ihr in die Erde abfließen zu lassen. Lasse dazu Lichtwurzeln aus deinen Füßen hinein zu Mutter Erde wachsen, mit jedem Ausatmen wachsen die Wurzeln tiefer zu Mutter Erde. Nimm diese tiefe Verbindung wahr und spüre das Vertrauen, das euch ermöglicht, so tief und innig miteinander zu verschmelzen.

Dann nimm die Emotion, das Gefühl, was auch immer, das dich im Moment belastet oder begrenzt – nehmen wir an, es ist Wut. Und lasse diese Wut über deine Füße und deine Lichtwurzeln hin zu Mutter Erde abfließen. Mit der Wut allen Schmerz, alle Verletzung, jeden Groll, all das, was du zusammen mit der Wut in dir aufgestaut hast. Lass es einfach abfließen, es ist nichts weiter zu tun. Mutter Erde ist für dich da. Mutter Erde trägt dich, Mutter Erde nimmt dir alle Last und allen Schmerz, alle Begrenzung und alle Unfreiheit ab. Atme und lasse es geschehen. Nach einiger Zeit wandelt es sich, denn alles ist abgeflossen, und mit dem Einatmen erhältst du die transformierte Energie zurück: Gelassenheit statt Wut, Sanftheit statt Groll, Heilung statt Verletzung und Schmerz. Spüre, alles wird gut – und dieses Gefühl verstärkt sich mit deinem Atmen, mit deinem Sein. In einem Moment, der sich von selbst ankündigt und von selbst zeigt, spürst du: Es ist getan. Nimm nun einen tiefen Atemzug und verankere dieses Gefühl in dir: Alles ist gut. So ist es. Ja.

Nun wende dich erneut Mutter Erde zu und lasse aus deinem Herzen Liebe und Dankbarkeit zu ihr hinfließen, im Ausgleich dazu, dass sie mit ihrer Bedingungslosigkeit immer für dich da ist, dass sie dich nährt mit Vertrauen, Hingabe, Liebe und dass sie dir abnimmt, was dir zu viel ist und was dich belastet, dass sie dich beschenkt mit transformierter Kraft und Energie für dein alltägliches (Er-)Leben. Und mit einem tiefen Atemzug spüre noch einmal diese Liebe und Dankbarkeit zu Mutter Erde, und dann hole mit den nächsten Atemzügen die Lichtwurzeln aus den Tiefen der Erde zurück zu dir. Atme sie in dich zurück ein.

Bevor du wieder in deinen Alltag kommst, spüre dich aus deinem Inneren heraus, spüre deinen Körper und spüre, wie nahe der Körper Mutter Erde ist, spüre auch, dass der Körper Natur ist. Ausdruck der Schöpfung. Alles ist eins. Sei dir dessen gewahr.

Das Yin-Prinzip-Ritual:
Antworte der Schöpfung mit ihrer eigenen Kunst

Gelebtes Leben will nicht nur Meditationen. Mir selbst ist es wichtig, meine innere Haltung immer wieder in ein äußeres Tun zu bringen. Dass dies mein alltägliches Tun im Leben nährt, ist selbstverständlich. Wir dürfen keine Trennung zwischen Spiritualität und Alltag kreieren. Diese Bereiche wollen eins werden und als Einheit gelebt werden. Rituale wende ich vielfältig an. Nicht nur in inneren Reisen, auch in äußerem Tun. Im Prinzip macht es für mich keinen Unterschied, beides ist wie ein Gebet, beides ist wie eine Meditation.

Mit Mutter Natur hat mich in den letzten Jahren das Prakti-
zieren von Landart sehr verbunden. Denn dieses Tun ist
kreativ und damit urweiblicher Natur. Die meisten von uns
haben die Kreativität im Laufe der Zeit verkümmern lassen.
Der intensive Alltag, die vielen Aufgaben und Pflichten
nehmen uns oft den Raum, einfach nur mit Kunst zu
spielen. Landart ist für mich mehr als mein kreativer Out-
put beim Schreiben, Malen oder Basteln. Für Landart lernte
ich mit den Augen der Natur zu sehen. Ich öffnete meinen
Blick in einer anderen Art und Weise. Für Landart sucht
man nicht mit suchenden Augen von innen nach außen
(Yang). Die Vielfalt und Schönheit erreicht mich in meiner
Wahrnehmung von außen nach innen (Yin). Für Landart
braucht es empfangendes Sehen (Yin). Landart bedeutet
nicht, Kunstobjekte in der Natur aufzustellen, sondern
Kunstobjekte aus der Natur in der Natur zu formen (Yang).
Sie entstehen aus der Natur selbst (Yin), durch mich. Ich
bin nur die Schöpferin (Yin). Und ich verwende dazu nur,
was die Natur mir anbietet. Das fordert mich auf, mich
ganz auf die Natur einzulassen, mich ihrem Puls hinzugeben (Yin).

Landart ist vergänglich, manchmal reicht ein Windstoß, ein
Regenguss, und das Tun ist nicht mehr zu sehen. So lehrt
Landart nicht nur bedingungsloses Tun (Yin), es löst uns
auch von den Erwartungen an das Ergebnis, nährt unser
Sein im Hier und Jetzt, und vor allem lernen wir auch loszu-
lassen. In Landart dürfen wir uns wieder und wieder dem
Tun widmen, ein stetiger Kreislauf. In seiner puren Essenz
entspricht es dem Prinzip von Yin.

Ideen für Landart, nütze Steine, Blätter, Stöcke, Blüten:

- *kreiere einen Kreis*
- *kreiere eine Spirale*
- *lege ein Labyrinth, eventuell auch groß genug, dass du es »begehen« kannst*
- *mache deinen Fußabdruck künstlerisch sichtbar*
- *balanciere in die Höhe, erlebe, wie viel Einfühlung es in das Material und das Umfeld braucht, um Gleichgewicht herzustellen*
- *gib der Natur ein Gesicht und gestalte ein Porträt, für das du nur Naturmaterialien nützt*
- *mache sichtbar, zeichne die Formen der Natur nach*

Die weibliche Welt, Freundinnen und Schwestern

Vielfach habe ich in diesem Buch schon darüber geschrieben, dass das energetische Muster des Kreises der Heilung entspricht. Man weiß aus der Überlieferung der Naturvölker, dass dies auch für uns Menschen gilt. So ist ein Kreis an Frauen, die in einer tiefen Bewusstheit zusammenkommen, immer ein heilsamer Raum. Zu allen Zeiten haben sich Frauen versammelt, um miteinander zu kommunizieren, einander zu ermutigen und zu unterstützen und um ihre Fähigkeiten und Talente miteinander zu teilen, einander zu lehren, gemeinsam zu entspannen. Durch dieses Zusammenkommen von Angesicht zu Angesicht bauen Frauen eine respektvolle Beziehung zum Weiblichen auf. Dabei erleben sie auch die vertrauensvolle Beziehung zueinander, und wenn Frauen zueinander Vertrauen aufbauen können, finden sie auch wieder das Vertrauen in das Weibliche an sich. So ermutigen sie einander, die neue Weiblichkeit in allen Aspekten zu leben. Auf diese Art und Weise können Frauen ihr Bedürfnis und ihre Konditionierungen, ihr Leben an männlichen Attributen auszurichten, schrittweise loslassen und bewegen sich zu ihrer weiblichen Essenz. In der Verbundenheit mit anderen Frauen erleben sie die Verbindung hin zu sich selbst. Der Kreis schließt sich. Heilung geschieht.

Die Begegnung von Frauen repräsentiert stets Vielfalt. Wir bringen unsere individuellen Geschichten mit: Eine ist verheiratet, die andere nicht, dafür ist sie alleinerziehend, eine Frau widmet sich nur ihrer Karriere, eine andere ist bereits Großmutter, die nächste steckt mitten in einer Umschulung. Wir haben verschiedene Kulturen, Traditionen, Glaubensrichtungen. Auch ihre Körper zeigen die Individualität der Frauen. Die eine ist zierlich und zart, stets die Kleine. Eine andere kennt es, immer einen Kopf größer zu sein, älter geschätzt zu werden und weiß um die damit verbundenen Nachteile. Manche Frauen sind sportlich und haben viele Talente, waren vielleicht sogar erfolgreich bei Wettbewerben. Andere wiederum kämpfen mit ihrem Gewicht, sind eher unbeweglich und machen ihre Erfahrungen damit. Die Vielfalt der Frauen, die sich – wo auch immer – in einer Gruppe finden, repräsentiert die Vielfalt der Frauen an sich. Jede bringt eine Geschichte mit und ist damit eine Stellvertreterin für die vielen Frauen, die eine ähnliche Lebensgeschichte haben.

Es ist spannend, all diese Geschichten zu ergründen. Stattdessen erleben wir jedoch im Alltag immer wieder, dass Frauen sich selbst nicht in den Mittelpunkt bringen. Es scheint leichter, sich Tratsch und Klatsch zu widmen, oberflächliche Gespräche zu führen, statt miteinander mehr darüber zu erfahren, was sie fühlen, was ihre Sehnsüchte sind, was sie herausfordert und worin sie sich begrenzen. Wir meinen, wir könnten dies nur der besten Freundin erzählen. Doch in ihrer Lebensweise haben die Frauen verlernt, sich selbst die beste Freundin zu sein. Viele vermissen eine solche Freundschaft in ihrem Alltag. Auch hier gilt: »Wie außen, so innen« und umgekehrt. Viele Frauen sind sich selbst keine Freundin. Sie erlauben sich selbst nicht die Tiefe. Sie zeigen sich nicht. Sie sind nicht ehrlich zu sich selbst. Sie flüchten in Ausreden sich selbst gegenüber oder hören nicht hin, was sie sich selbst zu sagen haben. Sie nehmen sich keine Zeit für sich selbst und nehmen ihre Bedürfnisse nicht wahr. All dies behindert die Freundschaft zu uns selbst, aber auch keine Freundschaft im Außen kann diese fehlenden Qualitäten aushalten. Daran zerbrechen Freundschaften oder kommen erst gar nicht zustande. Deshalb reiche ich dir an dieser Stelle den Impuls: Wenn du eine Freundin in deinem Leben vermisst, dann schau nach, ob du dir selbst eine gute Freundin bist. Pflege deine Freundschaft im Innen, und ich bin überzeugt, dass diese Haltung dir auch eine Freundschaft im Außen ermöglicht, aufrichtig und ehrlich, voller Vertrauen.

Gebet für das neue Miteinander-Frau-Sein
Ich bitte um das Licht der Liebe
Für ein neues FrauSein.

Ich bitte um das Licht meiner Mutter, meiner Großmutter,
  meiner Urahninnen,
und ich wende mich an alle Ahninnen des Lichtes:
Stärkt mich und schenkt mir Vertrauen.

Ich bitte um das Licht und die Liebe
von Mutter Maria, Maria Magdalena und allen heiligen
  Frauen
und von allen, die in ihre Spuren treten.
Ich bitte darum, dass sie uns Frauen unterstützen und
  daran erinnern, dass auch wir das Licht tragen.
Ich bitte darum, dass wir Frauen einander sehen und
  damit das göttliche Licht, das in allen Frauen lebt.

Ich bitte um das Licht und die Liebe, die neue Energien
  bringen,
damit sie gelebt werden von vielen Frauen dieser Erde:
in Müttern, die zu ihren Kindern stehen,
in Freundinnen, die sich gegenseitig stärken,
in Schwestern, die einander an ihr Licht erinnern,
in Frauen, die die Männer ehren und für die Liebe leben.

Weil wir die Ahninnen unserer Töchter sein werden.
So sei es, im Namen der Liebe. Amen.

Aus einer Studie[18] geht hervor, dass Frauen, wenn sie Stress haben, die Freundschaft zu anderen Frauen suchen. Das Wort »Stress« verwende ich hier nicht als Synonym für Zeitnot, sondern vielmehr für jenes Einwirken, das die Frauen in Anspannung (Yang) bringt und damit wider ihre Natur wirkt. Denn die Natur der Frau ist Entspanntheit (Yin). So kann ein Kreis von Frauen für die Frau heilsam sein, wenn die Frauen sich in einem bewussten Sein einander öffnen und begegnen. Da alle Frauen über das morphogenetische Feld miteinander

---

18 UCLA-Studie, Dr. Laura Cousino

verbunden sind, trägt jede einzelne Frau zur kollektiven Heilung des Weiblichen bei.

Der weibliche Weg ist ein Weg, der nach innen führt, der wie das Wasser die Tiefe sucht. Wenn Frauen stattdessen ins Außen flüchten, über andere sprechen, sich über Äußeres unterhalten, dann führt dieser Weg von ihnen selbst weg. Dann ist die Begegnung nur eine oberflächliche, keine nährende.

Ich möchte an dieser Stelle Mut machen für eine neue Frauenkultur und uns daran erinnern, dass es in unserem ursprünglichen Naturell als Frauen liegt, miteinander zu sein, einander zu inspirieren, zu unterstützen und einander Mut zu machen.

Das Hier und Jetzt

Wer kennt das nicht: eine lustige Damenrunde, viele Gespräche über dieses und jenes, und trotzdem fühlt man sich bald müde. Manch eine kommt auf die Idee, dass jemand aus dieser Runde »Energie absaugt«. Ich denke, so einfach ist es nicht. Oder anders gesagt: vielleicht ist es sogar viel einfacher. Frauen laufen leicht Gefahr, sich in die Geschichten der Vergangenheit zu verwickeln. Dies ist ein körperlicher Zustand, in dem wir Lebensenergie abgeben, und als Konsequenz fühlen wir uns bald müde und ausgelaugt. Zugleich sind es aber auch Emotionen wie Unsicherheit, Sorge oder Angst, die uns auch in die Zukunft führen. Wenn wir Energie verlieren, hindert uns das daran, jetzt in die eigene Kraft zu kommen.

Manchmal sind das auch »Vermeidungsstrategien«, um

das Hier und Jetzt nicht zu fühlen, um uns nicht mit uns selbst auseinanderzusetzen. Denn kommen wir in die volle Eigenkraft und Eigenmacht, könnte es auch bedeuten, dass wir den Ruf der Seele hören. Das geht immer mit Veränderung einher, und diese bringt Konsequenzen für unser Leben. Es ist verständlich, dass wir davor Respekt haben. Dass wir manchmal die Komfortzone wählen und die scheinbare Sicherheit, damit alles so bleibt, wie es jetzt ist.

Doch es geht um den Weg zur weiblichen Essenz, den Weg zu sich selbst. Die Wahrheit des eigenen Erlebens liegt immer im Augenblick, nicht in der Vergangenheit und nicht in der Zukunft. So begegnet sich eine Frau stets nur im gegenwärtigen Moment, jegliche Fremdbilder haben im Augenblick der Wahrnehmung keine Chance. Wir sehen, was ist, ungeschminkt und wahrhaftig, und wir sehen, was nicht ist. Und dies könnte bedeuten, dass wir uns auf den Weg machen, welche Folgen das auch immer hat.

Ich habe es in diesem Buch immer wieder beschrieben: Der weibliche Weg ist ein Weg des Fühlens. Dies ist auch ein hilfreiches Tool, um sich den Augenblick zu vergegenwärtigen, indem wir uns fragen: »Wie fühlt es sich an?« Wir können nicht in der Vergangenheitsform fühlen, das wäre nur eine archivierte Erfahrung, auf die wir gedanklich zurückgreifen. Wir können aber auch nicht in der Zukunft fühlen, dies wäre eine Kombination aus dieser archivierten Erfahrung zusammen mit einer Mutmaßung, wie sich ein Geschehen, das in der Zukunft liegt, anfühlen könnte.

Wir können uns jedoch mit der Kraft des Augenblicks nähren, wenn wir im Hier und Jetzt sind. Wir schulen unser Bewusstsein, nehmen den Körper, die Gedanken, die Gefühle, die Sinneseindrücke wahr. Im Hier und Jetzt entfalten wir

Frauen die Fähigkeit, uns zu regenerieren. Wir heilen im Jetzt die Erschöpfung, indem wir erkennen, dass wir Energie verlieren, wenn wir sie in Erinnerungen (Vergangenheit) oder in Ängste (Zukunft) investieren.

Pures Fühlen bringt uns immer ins Hier und Jetzt, in den Augenblick, und konfrontiert uns mit der eigenen Wahrnehmung. Fühlen ist eine urweibliche Qualität, und je mehr wir fühlen, umso mehr verbinden wir uns mit unserer weiblichen Yin-Essenz. Vergangenheit und Zukunft führen uns stets in die Gedankenwelt und in unseren kontrollierenden Verstand. Der Verstand an sich ist ein Ausdruck des Yang.

Dennoch möchte ich ausdrücklich darauf verweisen, dass Vergangenheit und Zukunft wichtige Aspekte sind. Beide kreieren den Raum und geben uns Halt. Vergangenheit schenkt Erinnerung, aus ihr haben wir gelernt, und die Zukunft ist unser Feld des Möglichen, das uns in die Entwicklung führt. Dazwischen liegt die Gegenwart, das Hier und Jetzt, das wir mit Leben (er)füllen. Wenn wir uns an dieser Stelle das Bild von Yin und Yang vor Augen halten, mag es uns daran erinnern, dass sich im gleichwertigen Miteinander das Neue zeigt. So kann es auch ein hilfreiches, unterstützendes Bild sein, dass Zukunft und Vergangenheit zusammen nicht mehr ausmachen dürfen als unser Erleben in der Gegenwart. Und anders formuliert: Unser gegenwärtiges Sein sollte doppelt so viel Raum erhalten wie unsere Erinnerungen und unsere Gedanken an die Zukunft in Summe.

Gelebte weibliche Essenz als
HochZeit des Alltags

An dieser Stelle des Buches angelangt, haben wir bereits das Bild einer neuen Frau kennengelernt. Alte Bilder aus den Generationen unserer Vorfahren und der Historie der Frau können wir nun loslassen. Sie sind heute nicht mehr gültig. Die aktuelle Zeitqualität offenbart uns ein neues Frauenbild. Die Generation der Feministinnen hat einen Weg geebnet, und die Rolle der Frau stellt sich nun anders dar. Frauen leben heute ein anderes Frauenbild als ihre Mütter und Großmütter und haben Möglichkeiten in Beruf und Alltag, die früher kaum vorstellbar waren. Inzwischen sind sie uns scheinbar selbstverständlich geworden. Frauen haben viel mehr Wahlmöglichkeiten für ein selbstbestimmtes und selbstständiges Leben. Dennoch, der Weg dahin war und ist manchmal (noch) ein Kampf. Das blieb und bleibt nicht verborgen. Frauen bedienten sich männlicher Qualitäten, um die Bereiche, zu denen ihnen der Zutritt untersagt war, zu erobern. Sie nutzten Energiequalitäten von Yang und haben oft eine männliche Maske und eine männliche energetische Struktur übernommen, um für diesen Kampf stark und mächtig genug zu sein. Frauen haben sich zu oft dem Yang-Modell hingegeben. Dies hatte zur Folge, dass nun ihr Alltag, ihre Berufe, die Gesellschaft im Gesamten von der Qualität des

Yang dominiert sind: Technik, Industrie, Ziele, Konzepte, Wissen, Logik, Pläne, Management. Mit der Hinwendung zu diesen Aspekten verschloss sich die Frau unbewusst vor ihrer Quelle des Yin. In ihrer Natur übernimmt das Yang die innere Führung für die Lebensweise. Dabei verliert die Frau die Verbindung zu ihrer essenziellen Weiblichkeit. Ihre Seele weiß, was es bedeutet, männlich oder weiblich zu sein. Und irgendwann im Leben wird die Seele darauf hinweisen, Ausdruck und Aufforderung geben, indem sie es uns fühlen lässt, dass wir diese innerste Wahrheit des eigenen Seins nicht leben.

Gegenwärtig verändert sich das Bewusstsein der Menschheit. Menschen erinnern sich an ihren inneren individuellen Wesenskern und nehmen Unstimmigkeiten und Abweichungen in ihrem alltäglichen Leben wahr. Entspricht die eigene Lebensweise nicht der innersten Essenz des Seins, fühlt man das Bedürfnis nach der eigenen Wahrheit, die Suche nach sich selbst wird zur Hinwendung zu sich selbst. Mehr und mehr Frauen erkennen in ihrer Tiefe, dass sie nicht im Einklang mit ihrer weiblichen Essenz leben, und öffnen sich einem neuen weiblichen Weg.

Der heilige Bund zwischen Frau und Mann

Alle Frauen tragen die Vision einer bewussten Partnerschaft in ihrem Herzen und sehnen sich danach. Intuitiv wissen wir um die Wahrhaftigkeit von echter Beziehung und liebender Partnerschaft – frei von Projektionen, Bedürfnissen und Handel. (Er)leben wir die Realität anders, manifestiert sich dies in tiefem Schmerz. Es liegt im Wesen der Frau, in Beziehung zu sein, so wie es auch im Wesen des Mannes liegt. Dies ist unsere Natur. Der Körper der Frau ist darauf ausgelegt, Leben zu gebären und dafür eine Beziehung einzugehen. Der weibliche Weg offenbart uns, dass wir mit allem in Verbindung sind. Frauen fühlen ihre Natur, die einbeziehen will. Der Weg führt nach innen zur eigenen Erkenntnis. Die Projektion ins Außen löst sich. Heilung geschieht mit dieser Erkenntnis, auch auf dieser Ebene.

Die Sehnsucht nach der Einheit

Wie Yin und Yang in ihrer Symbolik die Einheit repräsentieren, zeigt sich uns auch die Beziehung zwischen Frau und Mann als Bild der Einheit, Oneness. Im spirituellen Kontext sind wir oft mit dem Thema der Dualität konfrontiert. Der Mensch hat sich mit dem Eintritt ins Leben von der Einheit der göttlichen Quelle abgespalten. Dies ist die erste Erfahrung der Dualität: hier, ich, der Mensch – dort, das Göttliche. Die Wahrnehmung ist eine des Getrenntseins. In seinem Bewusstseins- und Bewusstwerdungsprozess erfühlt der Mensch den inneren Wunsch und auch die Sehnsucht, diese Einheit wieder zu erfahren und zu erlangen. Darunter verstehen die Menschen vermeintlich jenen Moment, in dem sie »zurückkehren« nach Hause, von diesem Leben zur Ebene jenseits von Raum und Zeit, zurück zur Quelle, von der wir uns angeblich abgespalten haben.

Dem kann ich grundsätzlich zustimmen. Dennoch wird oft die wichtigste Erfahrung des MenschSeins übersehen. Nämlich jene, dass wir im alltäglichen Leben Einheit erfahren können. Dies erlebt und erfährt der Mensch in seiner Partnerschaft. Es ist die Kür des Lebens: die Partnerschaft von Frau und Mann – wenn sie sich als eins erfahren. Wenn sich Frau und Mann sexuell und im Orgasmus in einem erwachenden Bewusstsein vereinen, sich die Grenzen zwischen beiden »auflösen«, erlebt die Seele auf menschlicher Ebene, im irdischen Erfahrungsfeld der Körperlichkeit jene »Krönung«, die wir aus der spirituellen Sichtweise anstreben: die Dualität aufzulösen. Einheit entstehen zu lassen.

Der Alltag zeigt aber oft, dass gerade Intimbeziehungen unsere größten Herausforderungen sein können und die Themen von Beziehung, Partnerschaft und Sexualität uns als die großen Lektionen des Lebens begrüßen. Wir kommen nicht umhin, die Verhaltensweisen zu ergründen, die eine bewusste Partnerschaft im Sinne der Balance von Yin und Yang (noch) blockieren.

Die Begegnung zwischen Frau und Mann hat zwei Polaritäten, ihrer Natur als anziehende Kraft entsprechend. So repräsentiert die Frau den weiblichen Pol (–) und damit den passiven, empfangenden Aspekt. Der Mann repräsentiert den männlichen Pol (+) und damit den aktiven, dynamischen und offensiven Aspekt. In dieser ausgeglichenen Begegnung von Yin (–) und Yang (+) kommt die Kraft des Magnetismus zum Tragen. Die beiden Pole wirken anziehend. Frau und Mann begegnen sich in dieser Energie und in ihrem natürlichen Prinzip als anziehende Pole. In einer bewussten Begegnung spüren Frauen und Männer diese natürliche Anziehung und wollen miteinander in Beziehung sein, Einheit erleben. Erotische Anziehung ist das Bindeglied, das zur körperlichen Liebe führt. Der Alltag zeigt uns aber, dass in vielen Beziehungen diese Anziehung fehlt und damit auch eine bewusst gelebte Sexualität.

Zu viele Frauen und Männer erleben intime Begegnungen nur auf Sparflamme. Zahlreiche Paare finden sich mit einem bescheidenen intimen Verhältnis ab und leben ihren Alltag nebeneinander her wie beste Freunde oder Geschwister in einer Wohngemeinschaft. Oftmals suchen sie sexuelle Anerkennung in flüchtigen Affären und amourösen Abenteuern. Oder sie brauchen zusätzliche stimulierende Hilfsmittel, Erlebnisse, sie suchen nach dem sexuellen Kick. Doch auch das führt in äußere Reize, äußere Attraktionen und damit weg von innen, weg von der Essenz. Ein solches Lebensmodell ist niemals eine bewusste Partnerschaft, die Erfahrung der Einheit fehlt. Spiritualität (göttliche Energie) und die Körper sind getrennt. Wer eine solche Situation akzeptiert, blockiert die Entwicklung, die nach der Kür strebt – der Erfahrung der göttlichen Einheit zweier Seelen: Oneness.

Begegnen sich aber Frau und Mann in erotischer Anziehung und in der Essenz ihres Seins, können wir von einem Tanz sprechen, einem Tanz, der den tiefen Rhythmen des Lebens folgt und uns eine wunderbare Dynamik schenkt, wenn wir beginnen, die weiblichen und männlichen Kraftströme zu erforschen, die in dieser Begegnung eins werden und für uns nährende Lebensenergie sind.

Sexuelle Energie nährt unsere Yin-Essenz

Die Erforschung der Chromosomen hat ergeben, dass Frau halb Mann und Mann halb Frau ist. Auch in den jahrtausendealten Lehren des Tantra wird dieses Wissen praktiziert. Wir müssen die inneren polaren Gegensätze in ein harmonisches Gleichgewicht bringen, um das vollständige Potenzial unserer Entwicklung zu erlangen. In der sexuellen Vereinigung erlebt die Frau eine alchemistische Transformation zu ihrer Yin-Essenz, der wahren Weiblichkeit. Von Natur aus ist ihr die

Kraft gegeben, nach innen zu gehen und in der sexuellen Begegnung eine Bewusstseinsveränderung zu erfahren. In anderen Worten, jede Frau transformiert sich durch bewusste Sexualität selbst in eine Yin-Qualität, auch wenn sie aufgrund ihres Alltags an Yang ausgerichtet ist. Aus dieser inneren Quelle ihrer wahren Essenz verändern Frauen ihre Schwingungsfrequenz und sind wieder mit ihrer Weiblichkeit im Einklang. In diesem Geschehen können sie die Männer »mitnehmen« und auf eine höhere Energieebene führen.

Sexuelle Energie ist unsere Lebensenergie. Aus ihr sind wir entstanden, und sie berührt und verändert jede Zelle unseres Körpers.

Das erklärt, dass der weibliche Weg hin zur innersten Essenz auch immer ein Weg hin zur weiblichen Sexualität ist. Verzichten Frauen auf ihre gelebte Sexualität, verzichten sie auch auf einen wesentlichen Teil ihrer Lebensenergie. Deshalb bedeutet »Heilung des FrauSeins« immer »Heilung der weiblichen Sexualität«. Viele Frauen, in deren Leben die Liebe als sexuelle Energie fehlt, leiden darunter und erleben häufig Zustände akuter Depression und Verzweiflung.

Doch andererseits fehlt vielen Frauen das Wissen um das göttliche Geschenk der Sexualität. Sie begegnen ihrem Körper mit Ablehnung und handeln damit oft unbewusst gegen ihr eigenes Interesse.[19]

Unsere Gesellschaft ist »oversexed«. Sexualität ist von Bildern, Vorstellungen und Erwartungshaltungen geprägt. Intime Räume haben keine Heiligkeit mehr. Sexuelle Begegnungen sind Teil einer Lebenshaltung. So haben mir Teenager erzählt, dass sie nicht miteinander gehen (wie wir das

---

19 s. Kap. Der Körper als Tempel, S. 159

in unserer Jugend taten), sondern »nur eine Sexbeziehung« hätten. Sexualität wird konsumiert, ist Teil der Spaßgesellschaft, und damit dabei keine Langeweile aufkommt, wird jegliche Anstrengung unternommen, sie abwechslungsreich und unterhaltsam zu gestalten. Man möge mich nicht falsch verstehen. Ich würde mich nicht als prüde bezeichnen. Doch es ist mir wichtig, hier meinen Standpunkt auszudrücken: Für mich ist die sexuelle Beziehung zwischen zwei Menschen gleichzusetzen der Begegnung mit dem Göttlichen. Aus meinem Weltbild betrachtet, dass wir alle den göttlichen Funken in uns tragen, bedeutet mir dies, dass wir im anderen Menschen Gott begegnen. Und dass wir im sexuellen Akt nicht nur mit dem Mann, sondern auch mit dessen göttlicher Essenz eins werden.

Deshalb stellt für mich die intime Begegnung den heiligsten Moment zwischen zwei Menschen dar. Man öffnet sich, zeigt sich verletzlich, man ist voller Vertrauen und bereit, sich ganz hinzugeben, um die göttliche Einheit zu erfahren. In solch einem sexuellen (Er-)Leben dehnt Frau ihre Energie aus, taucht in ihre eigene Tiefe ein und verbindet sich mit der Essenz ihrer weiblichen Energie, sie nährt sich aus ihrer Yin-Quelle. Dies ist ein innerer energetischer Kreislauf und ermöglicht der Frau, sich in ihrer wahren Kraft zu spüren und selbst zu begegnen.

Im Vereinen von Frau und Mann vereinen sich auch die Energien von Yin und Yang. Der Mann hat die Fähigkeit, Samen zu produzieren und freizusetzen. Die Frau hat die Fähigkeit, den Samen des Mannes zu empfangen, in sich aufzunehmen, um daraus im Inneren ein neues Leben entstehen zu lassen. An diesem natürlichen Geschehen wird deutlich, dass das Männliche und das Weibliche zwei gleichwertige

Kräfte sind, die miteinander ein Gleichgewicht bilden. Keine Kraft ist stärker, keine Kraft ist schwächer.

Auf der energetischen Ebene repräsentieren Frau und Mann ebenso gegensätzliche Pole, Frau und Mann ergänzen sich zum Ganzen. Grundlage hierfür ist die Kraft der Anziehung. Durch die Begegnung und verschmelzende Vereinigung können Frau und Mann miteinander ganz werden, eins sein. Das Gefühl der Trennung kann sich im Gefühl des Einsseins auflösen. Unter diesem Aspekt erkennt man Sexualität als einen spirituellen Akt. Heilung geschieht.

Frau und Mann sind nicht nur körperlich verschieden. Auch ihre energetische Struktur unterscheidet sie voneinander. Die Frau steht als weibliches Element dem Mann als männliches Element gegenüber, Yin begegnet Yang. Wenn das weibliche und das männliche Element zusammentreffen, kommen gegensätzliche Pole zusammen, dadurch entsteht zwischen ihnen ein Energiestrom. Und da die entgegengesetzten Kräfte von weiblich und männlich nicht identisch sind, bilden sie gemeinsam eine Einheit. Ein neues Bild. Neues Leben.

Zu Beginn des Buchs habe ich erläutert, dass auch in jeder Frau und in jedem Mann das Weibliche und das Männliche, als innere Frau und innerer Mann, vorhanden ist.[20]

Dies ist nicht nur eine Metapher, sondern auch auf der energetischen Ebene spürbar. Erklären lässt es sich am Beispiel eines Magneten. Die Pole des Magneten kennt man als negativ (−) und positiv (+). Auf der Körperebene stellt die Vagina einer Frau den negativen Pol dar. Der Gegenpol dazu befindet sich in den Brüsten und im Herz der Frau. Dies

---

20 s. Kap. Ein Blick auf Yin und Yang, S. 16

bedeutet, dass die Frau über die Vagina (–) energetisch auf-
nehmend, passiv und über die Brüste (+) energetisch abge-
bend, dynamisch aktiv ist. Zwischen den beiden entgegengesetzten Polen entsteht im weiblichen Körper ein innerer
Energiefluss.

Für den äußeren Energiekreislauf empfängt die Frau die
Energie des Mannes, absorbiert sie und entspannt sich. In der
Begegnung mit dem Mann kreieren die beiden ein Energiefeld. Der Mann hat die gegensätzliche Kraft. Sein positiver Pol
ist der Penis (+), sein negativer Pol sind Herz und Brustkorb
(–). Wie bei der Frau bewegt sich die Energie zwischen diesen
beiden Polen als Strom. Kommen Frau und Mann einander
näher, entsteht gegenseitige Anziehungskraft, und das Energiefeld wird verstärkt und erweitert. Die Energie fließt im
Körper, jeweils vom Plus zum Minus. Das heißt vom Penis zur
Vagina, von der Vagina zu den weiblichen Brüsten, von dort
zur männlichen Brust und wieder zum Penis. Zwischen Frau
und Mann entsteht ein geschlossener Kreislauf, die Energie-
körper verschmelzen. Sexuelle Energie wird zum Toröffner in
eine andere Dimension. Wenn die Frau und der Mann an
diesen Kreislauf angeschlossen sind, entsteht reine Liebesenergie. Hier bekommt auch das Bild, das der Dalai Lama
zeichnet[21], eine ganz neue Bedeutung. Es ist die Frau, die mit
der Energie ihres Herzens dem Herzen des Mannes begegnet.
Die weibliche Energie strömt zum Mann und wirkt dort als
heilende Energie. Das männliche Herz erfährt Heilung.

Der Vollständigkeit halber sei hier erwähnt, dass es für
diesen energetischen Kreislauf nicht unbedingt die sexuelle
Vereinigung braucht. Paare können die Macht und Anziehung

---

21 s. Kap. Die Essenz des Frau Seins, S. 60

auch fühlen, wenn sie einander gegenüberstehen, selbst wenn zwischen ihnen ein Abstand ist. Um diese Verschmelzung außerkörperlich zu erfahren, braucht es das entsprechende Bewusstsein, die »Durchlässigkeit« sowie die Haltung von Offenheit und das Erlauben von Nähe, allesamt auf der körperlichen wie auf der feinstofflichen Ebene.

Dieser Energiekreislauf stellt sich leichter ein, wenn Frau und Mann Liebe füreinander empfinden. Fehlt die Liebe, treffen sich meist nur Sexzentren, ein positiver und negativer Pol. Dann findet durchaus auch ein Energieaustausch statt, allerdings zirkuliert die Energie nicht, sie bewegt sich nur linear. Dieser lineare Fluss kehrt nicht als nährende Energie zurück. Er fließt und erschöpft sich.

Dies ist ein Grund, warum Sex ohne Liebe auf Dauer nicht erfüllend ist, sich sogar mit der Zeit »leer« anfühlen kann. Schwingen die Gefühle des Herzens nicht mit der sexuellen Energie, hinterlässt dies Spuren in der Aura. Es braucht im Minimum 48 Stunden, bis die Aura sich wieder ausdehnt. Darüber hinaus sind die »Spuren« einer sexuellen Vereinigung, wenn sie lieblos ist, bis zu zwei Monaten in der Aura einer Frau nachweisbar. Geben sich Frauen mit der herkömmlichen Art und Weise der Sexualität zufrieden, die im Grunde eine Verzerrung männlicher Sexualität darstellt, verzichten sie auch auf ihren einzigartigen femininen Zauber und den Zugang zu ihrer eigentlichen Kraft. Sie halten sich das Tor zur inneren Essenz selbst verschlossen.

Diese ausführliche Darstellung der sexuellen Energie habe ich gewählt, weil sie auch eine Basis für das Verständnis der Yin-Energie ist.

Schwingt eine Frau nun zu sehr in der Qualität von Yang, entsteht Trennung. Dies nimmt sie nicht nur in ihrem Inneren als Getrenntsein von der innersten Essenz wahr, die Trennung besteht auch in Bezug zum Mann. Der Polarität fehlt die Anziehungskraft. Begegnet ein Pluspol (+) einem anderen Pluspol (+), entfernen sie sich voneinander, stoßen sich ab. Distanz entsteht.

Wenn Frauen diesen Schlüsselaspekt ihrer energetischen Formel verstehen, ist es oftmals einfach, auch die erotische Anziehungskraft wieder zu finden, indem sie ihrer Lebensweise mehr Yin-Qualität zuführen. Diese zirkulierende sexuelle Energie im bewussten Austausch mit dem Mann ist heilsam für die Frau, denn sie stellt ein natürliches Verhältnis zur inneren Yin-Qualität her. Das Verhältnis von innerem Yin und Yang wird harmonisiert und ausgeglichen.

An dieser Stelle könnte man die These aufstellen, eine Frau bräuchte nur ausreichend Sexualität, um Heilung zu erfahren. Landläufig kennt man solche Sprüche. Selten sind sie respektvoll und wertschätzend. Sexuelle Energie ist lebensbringend und heilend, für Mann und Frau. Die Frau kann durch diese göttliche Energie Heilung erfahren und im Sex ihre weibliche Urkraft wiedergewinnen, wenn sie sich dafür öffnet und das wahre Wesen der weiblichen Sexualität und des weiblichen Körpers erkennt und begreift.

Jede Frau trägt in ihrem Inneren eine Yin-Quelle

Der Alltag zeigt, dass es doch nicht ganz so einfach ist. Viele Frauen erleben gerade in der Sexualität ihre Begrenzungen, bezeichnen Beziehung und Partnerschaft als die großen Herausforderungen. Die mangelnde Fähigkeit, sich zu öffnen und hinzugeben, wirkt als Blockade. Es ist nicht nur der

Körper, der sich verschließt, auf emotionaler Ebene fühlen die Frauen Enttäuschung, Unlust und sexuelles Desinteresse. Die Gründe dafür sind vielfältig. Man muss auch wissen, dass wir Frauen auf der energetischen Ebene der Gebärmutter Erfahrungen und Erlebnisse speichern, die nicht nur sexueller Natur sind. Dies können verschiedenste unangenehme, schmerzhafte, respektlose Erfahrungen und Erlebnisse sein, die wir in Zusammenhang mit uns als Frau, mit unserem Körper, der Weiblichkeit an sich machen, sei es beim Gynäkologen, während einer Geburt, beim Sport, in einem Gespräch, durch Eltern, Freundinnen und mehr. Unsere Gebärmutter ist wie ein Archiv, und wenn unsere Erfahrungen nicht geheilt sind, kann es sein, dass sie das Tor hin zur weiblichen Essenz verschlossen halten.

Maria schreibt:
»Jedes Zusammenkommen ist ein Schmerz«
Seit der Geburt meiner Tochter vor mehr als 20 Jahren habe ich beim Geschlechtsverkehr mit meinem Mann Schmerzen. Ich habe das Gefühl, alles in mir wird eng, sobald er mir nahe kommt. Ich kann es nicht ertragen, wenn er in mich eindringt. Einen Geschlechtsakt haben wir schon lange nicht mehr. Wenn, dann befriedige ich ihn mit der Hand. Ich würde mir sehr wünschen, dass wir Einheit erleben, aber wenn er mir nahe kommt, sperrt sich alles in mir. Ich kann mich für die Nähe nicht öffnen. Deshalb hab ich auch große Angst, meinen Mann zu verlieren. In jeder Frau sehe ich eine Bedrohung, und ich bin sehr eifersüchtig. Das bringt viele Probleme in unsere Ehe. Doch ich weiß nicht, wie ich das ändern soll.

Für Heilung und das Öffnen der Tore zur weiblichen Essenz müssen wir alle Ebenen und alle Erfahrungen im Leben der Frau miteinbeziehen. Viele Frauen in unseren Kulturkreisen und Schichten ertragen in ihrem Leben die gegebenen Situationen leise. Über Generationen war es normal, dass Frauen »ausgehalten haben«, dass Männer ihr Leben gelebt haben, weil sie meinten, dass es ihnen zustünde. Ich möchte nicht »den Mann« an den Pranger stellen. Mir ist bewusst, dass auch die Männer von ihren Geschichten geprägt sind, dass auch sie von automatisierten Handlungsmustern geführt werden können. Die jahrhundertalte Haltung gegenüber der Frau kann das Verhalten eines Mannes unbewusst beeinflussen, wenn er sich nicht der neuen Sichtweise öffnet, wenn er sich nicht einem bewussten Miteinander zuwendet. In vielen Beziehungen geschieht Verletzung auf beiden Seiten. Beziehung, Partnerschaft, Sexualität werden zu einem Machtspiel. Das Opfer wird vom Täter emotional verletzt, die Seele verwundet. Zugleich verletzt sich auch der Täter auf seiner emotionalen Ebene mit seinem Tun, verwundet seine Seele ebenso.

Mein Anliegen ist nicht, Partei zu ergreifen für die eine oder andere Seite. Als Frau möchte ich Frauen bewusst machen, dass wir als Heilerinnen der neuen Zeit fähig sind, zu tiefer Heilung zwischen dem Weiblichen und Männlichen beizutragen, auch wenn die Verletzungen groß sind. Als Frauen müssen wir diese alten Muster, die sich seit Generationen wiederholen, beenden. Auch wenn es schmerzt und Einsatz verlangt. Alles, was wir für uns als Einzelne verändern, stellen wir auch dem Kollektiv zur Verfügung. So verändert sich das morphogenetische Feld für die Frauen, indem jede mit ihrer Geschichte und ihrem Weg der Transformation und Heilung ihren Beitrag leistet.

Angelika schreibt:
»Ich fühle mich schuldig«
Meine Kindheit war nicht schön. Meine Geschwister und ich wuchsen in bescheidenen Verhältnissen auf, Alkohol und Gewalt waren ein Thema. Heute kann ich gut nachvollziehen, dass ich als junge Frau von 17 Jahren die erste Möglichkeit nutzte, um diesem Umfeld zu entkommen. Ich verliebte mich an meiner Arbeitsstelle in einen viel älteren Mann, bekam von ihm den ersten Kuss, hatte zum ersten Mal Geschlechtsverkehr. Er war sehr liebevoll, verwöhnte mich mit Geschenken. Ich war zum ersten Mal in meinem Leben glücklich. Und bald schwanger. Mein Mann veränderte sich. Die Aufmerksamkeit verlagerte sich immer mehr ins Schlafzimmer, dort wollte er immer verrücktere Sachen von mir. Und obwohl sie mir nicht gefallen haben, habe ich immer mitgemacht. Ich wollte meine kleine heile Welt nicht riskieren. Als Mutter von drei Kindern war ich glücklich. An der Seite meines Mannes nicht. Unser Leben spielte sich nur nachts ab. Zumeist kam er, da er im Gastgewerbe arbeitete, mitten in der Nacht nach Hause. Dann musste ich zu seinen Diensten sein. Er verlangte, dass ich mit ihm Pornos schaute und ihn mit dem Mund befriedigte. Wenn die Kinder aufwachten, hatte ich sie zu beruhigen, um dann erneut meinem Mann zur Verfügung zu stehen. Ich fühlte mich missbraucht. Es ekelte mich. Ich war so oft nahe daran zu erbrechen, fast am Ersticken. Doch mein Mann sah das nicht, es interessierte ihn auch nicht. So lebten wir all die Jahre.
Tagsüber fand ich mein Glück im Kreis meiner Kinder, sie gaben mir die Kraft. Nachts erlebte ich beinahe täglich dasselbe Martyrium.

Nach Jahren, meine Kinder waren bereits in der Pubertät, ging ich eines Abends aus. Im selben Lokal war zufällig mein Mann – mit einer anderen Frau. Obwohl er von den Freunden darauf aufmerksam gemacht wurde, dass ich im Raum war, ignorierte er mich und widmete sich seiner Begleiterin. An diesem Abend beschloss ich, mein Leben zu ändern und meine Ehe zu beenden.

Als ich meinem Mann sagte, dass ich die Trennung wolle, wurde er aggressiv. Er drohte mir, mich zu vernichten und mir die Kinder wegzunehmen. Doch ich wusste, dass es Zeit war zu gehen, meinem Selbst zuliebe. Ich beharrte auf der Scheidung, und er machte seine Drohungen wahr. Mithilfe seiner Beziehungen und finanziellen Möglichkeiten gelang es ihm, die Kinder bei sich zu behalten und gegen mich aufzuhetzen. Meine Kinder wandten sich ihm zu, distanzierten sich von mir. Ich habe sehr gelitten. All meine Gebete galten den Kindern, dass sie mir verzeihen und mir eine Chance geben. Über Jahre blieb ich trotz meines Schmerzes geduldig, wartete, hoffte und betete. Die Zeit heilte die Wunden und brachte mir meine Kinder wieder näher. So bin ich heute glücklich, dass zwei meiner Kinder wieder Kontakt zu mir haben. Doch meine ältere Tochter hält bis heute viel Distanz zu mir.

Damit eine Frau sich in ihrer Essenz öffnen kann, muss sie körperlich in ihrer Mitte ruhen und fähig sein, sich bis in die tiefste Zellebene zu entspannen. Erst diese Entspannung ermöglicht den rezeptiven, empfänglichen Modus ihrer energetischen Struktur.

Oft ist uns gar nicht bewusst, wie sehr wir wider diese weibliche Natur leben. Wir sind angespannt (Yang). Dies wirkt der Entspannung (Yin) entgegen und hält das Tor zum rezeptiven Empfangen verschlossen. Unsere moderne Lebensweise trägt dazu bei. Wir leben in einer technisierten Welt (Yang), unsere Berufe sind zumeist von Yang-Qualitäten geprägt. Jegliches Management, jede Analyse, jede Logik, jede Optimierung, jedes Zielsetzen führt uns in einen Yang-Modus. Damit wirken wir unbewusst dem Yin entgegen. Hinzu kommen alltägliche Qualitäten von Geschwindigkeit, Hast, Fülle und die Vielfalt der Einflüsse und Reize, die auf uns einwirken. Selbst unser Freizeitverhalten ist konträr zum Yin: Wir trainieren auf Leistung, Bestzeiten werden anvisiert, Muskeln sollen gefestigt werden, der Körper Spannung erhalten. Die freie Zeit wird gefüllt mit Intensität, Frau will Abenteuer und Abwechslung. Auf der zellulären Ebene bedeutet dies erneut Anspannung. Und es bringt unserem Zeitgeist, im wahrsten Sinne des Wortes, den Stress. Unser Leben ist prall gefüllt (Yang) mit Aktivität (Yang) und Dynamik (Yang). Yin in seiner Qualität hat keinen Platz, kann nicht den Raum einnehmen (Yin), erlaubt kein Verweilen (Yin) im Nichtstun (Yin). Vertrauen (Yin) und Hingabe (Yin) verschließen sich.

Das Weibliche ist der modernen Gesellschaft fremd geworden, und die weiblichen Qualitäten erfahren infolge der unbewussten gesellschaftlichen Konditionierung häufig falsche Bedeutung: Zeigt eine Frau ihre Weichheit, wird dies als Schwäche dargestellt. Die Fähigkeit des Empfangens (Rezeptivität) und des Wartens auf den richtigen Augenblick wird fälschlicherweise als Resignation bezeichnet. Die Fürsorglichkeit einer Frau wird als Bevormundung empfunden, ihr Einfühlungsvermögen als Anhänglichkeit. Selbst die Fähigkeit des (passiven) geduldigen Abwartens wird als Trägheit empfunden, und ihre Hingabe womöglich als Unterwerfung wahrgenommen. Das Fühlen und Wahrnehmen von Emotionen gilt oftmals als Hysterie und Schwäche. Den Ereignissen ihren Lauf zu lassen erscheint im Außen als Unentschlossenheit und Mangel an Initiative. All dies trägt dazu bei, dass die Frau, die unbewusst nach Anerkennung und Akzeptanz sucht, diese weiblichen Qualitäten innerlich ablehnt und sich den scheinbar anerkannteren Eigenschaften zuwendet. So verschließt die Frau eine weitere Tür zu ihrer Yin-Quelle.

Sie bettet sich in ihrer alltäglichen Lebensgestaltung selbst in das energetische Muster des Yang ein. Yang führt zu Anspannung. Anspannung führt zu Härte. Härte kann durchaus helfen, Situationen auszuhalten. Heilung liegt jedoch in der Essenz des Weiblichen. Die Frau bräuchte Weichheit, um sich entspannen zu können, und die Entspannung, um sich öffnen zu können, das Männliche empfangen und aufnehmen zu können, durch sich Einheit entstehen zu lassen.

Die inneren Faktoren, die dazu beitragen, dass die Frau sich »verschließt«, liegen in ihren emotionalen Verletzungen. Ein gebrochenes Herz oder Wunden aus der Kindheit können dazu führen, dass die Frau sich in einen Schutzmodus mit Abwehrschild begibt. Das Herz wird aus Angst vor erneuter Verletzung verschlossen gehalten.

Jedes Verhalten, das wider die Natur der Frau ist, wie zum Beispiel Mangel an Selbstakzeptanz und Selbstliebe, erzeugt auf der körperlichen Ebene Stress. Stress führt zu Spannung und wirkt damit dem Yin-Modus entgegen.

Das Bewusstsein für die neue Weiblichkeit aktiv (Yang) zu wollen (Yang) oder sich zum Ziel zu setzen (Yang), führt erneut in eine Sackgasse, da auch diese Absicht von energetischer Struktur des Yang geprägt ist. Der weibliche Weg hin zur Heilung ist ein Weg des Fühlens. So kann es für die Frau

ein erster Ansatz sein, sich selbst auf dem Weg des Fühlens
zu begegnen.

Das Yin-Prinzip-Ritual »Ich fühle mich«

*Nimm dir Zeit für dich. Kreiere einen äußeren Tempel.
Schaffe eine Atmosphäre, die dir guttut. Lege sanfte Musik
auf, verwende einen Duft für den Raum und sorge dafür,
dass du ungestört bist. Lege dich entspannt auf den
Rücken. Finde eine gerade Ausrichtung für deinen Kopf,
deinen Hals und deine Wirbelsäule. Der Kopf soll nicht zur
Seite gedreht werden. Die Beine sind ausgestreckt und
fallen geöffnet leicht nach außen. Möglicherweise magst
du ein Kissen oder eine gerollte Decke unter deine Knie-
kehlen legen. Deine Hände ruhen auf deiner Leistengegend
oder neben dem Körper. Schließe deine Augen und gib dich
dem Dunkel hin, erlaube dir, dich zu entspannen, und
nimm deinen Atem bewusst wahr: einatmen, ausatmen.
Einatmen, ausatmen.*

*So schweifen deine Gedanken nicht ab. Wenn du in dieser
Position »angekommen« bist, dann richte deinen Blick
nach innen, als würdest du deine Augen in dein Inneres
hinein öffnen und deinen Blick ins Innen wenden. Atme tief
und langsam, sodass dein Atem dein Inneres massiert.
Wandere langsam mit dem Blick in deinen Körper und mit
dem inneren Betrachten, fühle. Wie nimmst du deinen
Körper wahr? Wie fühlt sich dein Gesicht an? Wie fühlen
sich deine Muskeln an? Wie fühlen sich deine Organe an?
Wie fühlen sich deine Brüste von innen an? Wie fühlen sich
dein weibliches Zentrum, dein Bauch und deine Sexual-
organe an?*

Tauche mit deinem Wahrnehmen tief in deinen Körper ein

und ruhe in dir. Wenn Gedanken auftauchen, lass sie ziehen und kehre mit deinem Bewusstsein immer wieder zum Atem und zum Körper zurück. Ermögliche dir, dich ganz zu fühlen, bekomme das pure Gefühl von und für dich.

Erlaube, dass sich dein Bewusstsein immer weiter ausdehnt, sodass du mit deiner Wahrnehmung bis zur einzelnen Zelle deiner Körperregionen gelangst. Mit der Zeit löst sich die innere Trennung auf, du fühlst dich als Ganzes, und es ist, als ob du mit deinem Wahrnehmen zugleich bei allen Körperregionen und Körperzellen wärst. Abschließend atme mit deinem Ausatmen silbernes Licht in alle deine Zellen. Dies ist das lunare Licht der Mondenergie. Weibliche planetare Energie. Verbinde dich auf diese Weise mit der Energie der universellen Schöpfung. Wenn es sich anfühlt, als würde dein Körper bis auf seine tiefste Ebene in silbernes Licht getaucht und von ihm erfüllt, dann kehre behutsam und langsam mit deiner Aufmerksamkeit zum alltäglichen Bewusstsein zurück. Bevor du die Augen öffnest, spüre nochmals die Verbindung hin zu deiner Tiefe und setze die Intention, dass du diese weiterhin halten wirst.

Es empfiehlt sich, diese Übung in Abständen zu wiederholen. Das Fühlen ist eine Essenz des weiblichen Weges und stellt Verbindung zu deinem innersten Ich her.

Der weibliche Körper als Oase der Chemie

Ich habe bereits dargestellt, dass der weibliche Körper sich verschließt, wenn er in angespanntem Zustand ist. Dies lässt sich auch durch die Körperchemie erklären. Steht der menschliche Körper unter Stress, reagiert er mit der Ausschüttung von Cortisol. Dieses Hormon gilt als der Gegenspieler von sowohl Testosteron als auch von Oxytocin. Letzteres ist das Wohlfühlhormon, das gerade bei Frauen von großer Bedeutung ist. Schüttet die Frau ausreichend Oxytocin aus, entspannt sich der Körper, es stärkt ihr Vertrauen in andere Menschen, das Gefühl der Zusammengehörigkeit sowie das Bedürfnis nach Nähe. Dieser Blickwinkel zeigt, dass es für Frauen wichtig ist, den entsprechenden Chemiecocktail auszuschütten, damit sich die Tore nach innen öffnen können.

Oxytocin ist aufgrund dieser Betrachtungsweise auch als das »Kuschelhormon« bekannt. So ist es in Bezug auf die weibliche Sexualität grundlegend, dass die Frau vor dem sexuellen Akt ausreichend Oxytocin ausschüttet. Nur so kann sie dem Mann im Vertrauen begegnen, Nähe zulassen, sich entspannen, sich öffnen und für das Leben (und die Heilung) empfangsbereit anbieten. Frauen schütten Oxytocin aus, wenn sie sich wohlfühlen, zum Beispiel bei einer sanften Berührung, einer liebevollen Umarmung, einer Massage, einem Spaziergang in der Natur.

Beim Mann stellt sich dies anders dar. Er reagiert auf Stress und das Stresshormon Cortisol mit Testosteron (Yang). Oxytocin schüttet der Mann erst beim Orgasmus aus. Dies erklärt auch das manchmal unterschiedliche Verhalten, dass Frauen Wert auf Kuscheln und Vorspiel legen und man es Männern zuspricht, dass sie »immer nur das eine wollen«, angeblich triebgesteuert sind. Letztlich streben beide nach demselben: der Ausschüttung von Oxytocin. Der weibliche und der männliche Körper ticken zeitchemisch verschieden. Wenn man um diesen Ansatz weiß, löst sich zwischen Frau und Mann so manches angespannte Verhältnis und manche Diskussion rund um das Thema Sexualität. Mehr Verständnis füreinander wird (wieder) möglich.

Eine weitere Studie[22] über das Bindungshormon Oxytocin weist darauf hin, dass ein Mangel des Hormons im weiblichen Körper verursachen kann, dass die Frau dem Partner grundlos misstraut. Aus dieser Betrachtungsweise kann man die unbegründete Eifersucht, die viele Frauen empfinden, erklären bzw. einen Weg zur Lösung dieses Problems erkennen. Das gilt auch für das Thema der (scheinbaren) Beziehungsunfähigkeit, die viele Frauen heute an sich festzustellen meinen. Eine Veränderung des Lebensalltags kann für die Frau in vielen Aspekten ihrer Emotionen und Themen von Beziehung und Partnerschaft hilfreich sein.

Meine Geschichte

Meine Kindheit war zwar nicht schlecht, aber sie hätte durchaus besser verlaufen können. Das Internat hat mich sehr geprägt ebenso wie unser Nicht-Familienleben. Gute Rollenbilder habe ich aus meiner Familie keine mitnehmen können. Mein Vater konnte kein Familienbild anbieten, was in seiner eigenen Geschichte gründete. Meine Mutter war viel zu jung, als sie mich geboren hat, und eine Familie zu haben hat sie sicherlich überfordert. Ihren Platz hat meine Mutter weder in der Ehe noch in der Familie gefunden. So kam es nach Jahren einer schlechten Beziehung dann auch zur Trennung meiner Eltern. Die Trennung war ebenfalls nicht vorbildlich. All

---

22 Dr. Johannes Huber, Univ. Wien

das hat mein späteres FrauSein mitgeprägt. Viele Jahre lang war ich ehrgeizig, zielorientiert, selbstbewusst, energisch, diszipliniert, strukturiert. Auch wenn mein äußeres Erscheinungsbild zart und mädchenhaft war, meine Grundstruktur war von der Energie des Yang genährt und dominiert. Aus heutiger Sicht kann ich sagen, »die Entwicklung der Yang-Struktur« war in meiner Kindheit notwendig, im wahrsten Sinne des Wortes. Sie hat mich auch »gerettet«, um kein Opfer meiner Geschichte zu sein. Ich bin zu einer selbstbewussten Frau geworden, die nicht nur wusste, was sie wollte, sondern es auch erreichte. Ich war und wirkte stark. Mein beruflicher Alltag bestand aus Führen, Planen und Kontrollieren, da waren Yang-Aspekte willkommen. In meinem essenziellen FrauSein als Partnerin und Mutter jedoch standen mir diese »Qualitäten« des Yang oft im Weg. Als Mutter und Partnerin habe ich (unbewusst) Fehler gemacht. Obwohl ich im Beruf das Yang gut einzusetzen und zu nützen wusste, war ich in meinem Inneren darüber unglücklich und spürte, wie mich »etwas« mehr und mehr von mir wegführte. Darauf folgte, ja, musste folgen – (m)ein Weg der Suche, des Ent-Wickelns und BewusstWerdens meiner selbst.

Zunächst war für mich in allen Aspekten meines Alltags wichtig, meine Yang-Ausrichtung zu sehen, zu erkennen und zurückzunehmen, beruflich wie privat. Das bedeutet nicht, dass ich meinen Beruf aufgegeben habe. Zunächst trennte ich mich von zu vielen Strukturen, nicht alle waren notwendig. Mein Tag konnte gut ein bisschen mehr Flow gebrauchen. Meine starre Organisation und Terminplanung wurden aufgeweicht, »Wozu hab ich jetzt Lust« und »Welchem Gefühl kann ich jetzt folgen« bekam mehr (Arbeits-)Raum. Auch äußerlich gab ich meinem Büro mehr Wohlfühlatmosphäre. Kreativer Ausdruck des Schönen ist ebenso Teil des urweiblichen Prinzips. Es ist ein Bedürfnis aus den Tiefen unserer weiblichen Gene, unser Leben und unsere Umgebung mit Schönheit zu bereichern. So bekam mein Büro nicht nur einen kleinen Altar, sondern auch stets frische Blumen, entsprechende Bilder und Dekoration – es wurde zu meiner kleinen Oase.

Der Beruf jedoch sollte eine Herausforderung bleiben. Stetig Prozesse zu kontrollieren, zu optimieren und zugleich den weiblichen Flow zu wählen war mir nicht immer möglich. Umso wichtiger war es, dass ich mein Verhalten im Alltag bewusst neu setzte. Zunächst ließ ich alle Perfektion los. Das war schwierig auf vielen Ebenen. Auch hielt ich Abstand zu Planungen, die nicht unbedingt nötig waren. War ich versucht zu organisieren und zu checken, hielt ich inne und ging der Frage nach »Wie fühlt es sich an?«, »Was wählt meine Intuition für mich?« In den Meetings achtete ich darauf, mich als Frau zu zeigen – statt des taffen Businessauftritts übte ich mich in weiblicher Präsenz. Dies war zunächst in der Äußerlichkeit sichtbar, die Kleidung veränderte sich und mit ihr Haare, Make-up, Accessoires. Alles durfte weiblicher werden. Doch dies alleine wäre Fassadenkosmetik gewesen, wenn ich nicht auch für die innere Ausrichtung eine andere Ausdrucksweise gewählt hätte.

Unbemerkt von meinem Umfeld ging ich durch eine innere Schulung. Ich war mir selbst Lehrerin, Prüferin, Schülerin – ständiges Reflektieren wurde notwendig.

Setzte ich davor auf Hierarchien, orientierte ich mich nun an einem Bild des Gemeinsamen. Mein Credo veränderte sich in »Miteinander statt Alleingänge«. Während mir zuvor klare Regeln für die Allgemeinheit als das Optimum erschienen waren, war mir nun die Zuwendung hin zum Einzelnen und von da aus zur Gemeinschaft wichtig. Ich wollte ein neues Miteinander kreieren, Menschen, die sich im Kreis finden dürfen, nicht in einem Getriebe als Rädchen wirksam nach unten oder oben.

Wo ich früher auf Zahlen- und Ergebnisvergleiche setzte, wie ich es in meiner Ausbildung gelernt hatte, waren mir jetzt Ermutigung und Unterstützung wichtig. Insgesamt wurde mein Tag intensiver. Denn für mein Umfeld war das ungewohnt, und zunächst schien es, als würde (scheinbar) Altbewährtes nicht mehr funktionieren. Erneut erforderte es den weiblichen Prozess – ich musste dem neuen Entstehen den Raum und die Zeit geben, die es brauchte. Es benötigte stetige Präsenz, erlaubte keinen Rückzug, stattdessen erforderte es sehr viel Geduld und Nähren der neuen Situation wie eine fürsorgende Mutter, die die kleinen Kinder in ihrer Entwicklung begleitet.

Zu diesem Zeitpunkt erkannte ich erst, wie sehr mein Leben mich für diesen Prozess bereits vorbereitet hatte. Denn in etlichen Jahren meines beruflichen Wirkens hatte ich mich der Pädagogik zugewandt, viel gelernt und in der Praxis erlebt. Damals sammelte ich nicht nur Wissen, sondern auch praktische Erfahrung darin, die Menschen in ihrem Wachstum zu begleiten. Auch wenn dies Kinder waren – im Prinzip macht es keinen Unterschied, es braucht immer dieselben Qualitäten. Bewusste

*Wahrnehmung, Achtsamkeit, Aufmerksamkeit, Respekt,
Hinwendung und Zuwendung – dies sollten meine Soft
Skills werden, die es zu verfeinern galt. Später auch im
Dienste für das Unternehmen, doch am allermeisten
sollten sie mir selber dienen. Ich sah ein, dass ich als
Erstes mir selbst gegenüber achtsam zu sein hatte, auf-
merksam und respektvoll.[23]*

*Entwicklung und Bewusstwerdung umfassen immer das
Ganze. Kein Aspekt wird ausgelassen. Auch mein Privat-
leben habe ich bewusst betrachtet: Wo regiert Yang? Wie
wird das Yin genährt? Die Antwort auf die zweite Frage
sollte meinen Alltag ausrichten. Ich habe jegliches Tempo
herausgenommen. Muster, die den Zeitstress nährten,
wurden ersatzlos gestrichen. Es sollte freier Raum entstehen. Flexibilität braucht Raum, darin kann das Leben
tanzen.*

*Das Stichwort »Tanzen«: Ich machte es mir zur Aufgabe
zu tanzen, täglich. Natürlich dann, wenn keiner hin-
sah, das machte es mir einfacher. Auch das Tanzen, die
fließende weiche Bewegung zur entsprechenden Musik
(also nicht unbedingt Techno) nährt unser Yin.*

*Ein flexibler Körper ist mir wichtig, er lässt mich mein
FrauSein spüren. Flexiblität und Weichheit sind Merk-
male des Yin. Dies pflege ich mit Yoga, genussvoll. Und
ich suche stets die bewusste Verbindung nach innen, ich
spüre dem Tun nach, verbinde es mit dem Atem. Sport
und Bewegung nach weiblicher Art (Kunst) gehen stets
eine Verbindung mit dem Gesamten ein. Auch hier
»schließt es sich« und darf sich rund anfühlen. Deshalb*

---

23 s. Kap. Die weibliche Welt, Freundinnen und Schwestern, S. 182

habe ich mein gesamtes Sportverhalten (wir sind eine sehr sportliche Familie) auf »Genuss« ausgerichtet. Trainingspläne, Zielsetzungen von Zeit und Leistung wurden ersatzlos gestrichen.

Nicht einmal vor der Ernährung machte ich halt. Je mehr ich meine Aufmerksamkeit auf das Yin und Yang des Alltags richtete, umso mehr wurde mir auch bewusst, welchen Einfluss die Ernährung hatte. Ich spürte, wenn ich aß, was machte mich dichter und holte mich mehr zur Materie und zur Schwere (Yang), und welche Ernährung unterstützte die Leichtigkeit und das Lichte (Yin). Um an dieser Stelle eine Idee zu geben: Durch vegane Ernährung machte ich nochmal einen Quantensprung in der Fähigkeit der Wahrnehmung meines Körperbewusstseins.

Ich ging mit mir als Frau sehr bewusst um, beobachtete mich unentwegt, reflektierte, drückte mich mir selbst gegenüber aus, indem ich Tagebücher mit Notizen und Wahrnehmungen füllte. Vor allem auch die Wahrnehmung »Wann verstecke ich mich hinter einem männlichen Auftreten bzw. Verhalten?« entlarvte viele meiner unbewussten Konditionierungen. Ebenso wie die Frage andersrum gestellt: »Warum begegne ich diesen Situationen nicht mit den weiblichen Qualitäten und einem weiblichen Auftreten?«

Auch mein Äußeres nahm ich bewusster wahr. Es war Teil eines Selbsterfahrungsexperiments: Fast ein Jahr habe ich, bis auf wenige Ausnahmen, keine Hosen getragen und darüber nicht gesprochen. Das war durchaus eine Herausforderung, hier in den Tiroler Bergen, wo es im Winter sehr kalt ist und Hosen einfach praktisch sind, entsprechende Schuhe ebenso. Ich habe meine zarte

Figur betont und meine innere Elfe nach außen gezeigt. Spannend war: Die Menschen haben es wahrgenommen und auch gesagt »Du siehst aus wie eine Elfe«, obwohl ich natürlich keine Flatterkleider getragen habe. Ich bin durchaus eine normal modisch gekleidete Frau. Ich machte die Erfahrung, dass ich mit meinem bloßen Sein, andere inspirierte. In meinen Seminarwochen geschieht es noch vor der Hälfte der Zeit, dass die Teilnehmerinnen in Kleidern und Röcken erscheinen. Dies hat nichts damit zu tun, dass sie es mir nachmachen, vielmehr spüren sie die Qualität des Weiblichen, die sich in ein gemeinsames Feld legt. Und sie nehmen wahr, dass das äußere bewusste Frausein die innere Frau ebenso unterstützt, wie die umgekehrte Wechselwirkung von innen nach außen. Bis heute ist mir mein Äußeres sehr wichtig. Ich pflege mich bewusst und ehre meine Schönheit täglich, auch indem ich mich schminke, schmücke, hübsch mache. Das ist für mich ein Akt hin zur inneren Göttin, nicht für andere oder damit ich besser aussehe. Dies ist kein Muss, um die innere Göttin zu ehren, es entspricht einfach meinem Naturell, meiner Persönlichkeit und macht mir Freude. Durchaus lassen sich dazu auch andere Wege wählen. Die Vielfalt des Wegs entspricht der Vielfalt und Individualität der Frauen.

Die Begriffe »Yin« und »Oxytocin« sind und waren meine inneren Leitpunkte, nach denen ich mich stets beobachtete und immer wieder ausrichtete[24], 24 Stunden am Tag, sieben Tage die Woche, 365 Tage im Jahr. Das war entscheidend. Zu tief waren alte Glaubenssätze und au-

---

24 s. dazu Das Yin-Prinzip-Ritual, S. 18

tomatisierte Handlungsmuster in mir verwurzelt. Mein WerdenWerden bedarf eines steten Übens: »Ich bin eine Meisterin, die übt«[25], dieser Satz meiner Freundin Jwala begleitete mich und tut es noch immer. Letztlich war es ein Hinübergleiten in das unbewusste Handeln. Heilung geschieht zumeist zu einem Zeitpunkt, den man gar nicht bewusst wahrnimmt, absichtslos[26]. Plötzlich ist die Erkenntnis da: »Es hat sich verändert.« Und wie!

Dies war und ist meine Geschichte. Sie lässt sich nicht unbedingt umlegen auf jede andere Frau. Dort und da mag zwar Inspiration in meinen Sätzen sein und durchaus der ein oder andere Impuls wertvoll für die Veränderung in deinem Leben erscheinen.

Eine Frau, die zum Beispiel ein anderes Mutterbild vorgelebt bekommen hat und dadurch beeinflusst wurde, lebt möglicherweise andere Schattenaspekte, als ich in meiner Geschichte trage. Diese sind dann die Frauen, die im Gegensatz zu mir vielleicht zu sehr mitfühlen, stets auf das Wohl der anderen bedacht, die ihren Lebensinhalt und ihre Lebensfreude ausschließlich aus den Kindern und später den Enkelkindern schöpfen. Oft reihen sie sich selbst hinten ein, alle anderen kommen zuerst. Und sie sind gut darin, sich selbst gar nicht wahrzunehmen.

Auch die Berufe, die wir wählen, haben Einfluss auf die Geschichte des Lebens: Eine Frau, die in ihrem Beruf sehr weibliche Qualitäten leben kann, zum Beispiel als Kindergärtnerin, als Krankenschwester oder auch als Floristin, muss

---

25 Jwala Gamper, Signs
26 s. Kap. Weibliche Alchemie als neues Bewusstsein, S. 148

ihren Ausgleich vermutlich anders gestalten. Manche Berufe bringen es mit sich, dass sie mehr Platz für Yin-Qualität und deren Ausdruck haben als andere. Doch dies bedeutet nicht, dass die Frau automatisch mit ihrer innersten weiblichen Essenz verbunden ist. Unterschiedliche Lebensfaktoren und Geschichten eröffnen unterschiedliche Wege zur eigenen Yin-Essenz.

Ich erlebe bei den meisten Frauen, dass dieses tiefe, satte Gefühl der eigenen Weiblichkeit fehlt, ebenso wie die innere Verbindung zu sich selbst. Vielen fällt es schwer, sich wirklich wahrzunehmen, »es« in Worte zu fassen, was »es« sein soll und wie »es« sich verändern soll. Die Frauen können gar nicht anders, wenn sie den inneren Ruf vernehmen, als sich auf den Weg zu machen, um die Tore zu ihrer inneren Essenz zu finden und zu (er)öffnen. Jede ganz individuell auf ihrem eigenen Weg.

∞

So möchte ich an dieser Stelle, dir, liebe Leserin, Mut machen. Lebe lebendig, höre den Ruf deiner inneren Frau und wage es, ein Ja zu formulieren für dein Me(e)hr vom Leben.

Erlaube dir den Weg zu dir und jenen der Veränderung der kleinen Schritte, erlaube dir, dein Tempo zu wählen. Vergleiche dich nicht, du bist einzigartig – und erinnere dich stets: DU bist der wichtigste Mensch in deinem Leben.

Und ich widme dieses Buch Jara und Josefina.
Sie tragen die weibliche Linie weiter und damit das erwachende weibliche Bewusstsein der neuen Zeit.

Am Ende des Buchs

Danke an das Buch, dass es mich gerufen hat, über Jahre.

Danke an mein Leben, das mich so vieles erfahren lässt und lehrt.

Danke an all die Frauen in meinem Leben, die mich zu meiner Arbeit, meinem Forschen und Ergründen und letztlich zu diesem Buch inspiriert haben.

Danke an alle, die es möglich gemacht haben.

Allen voran Herrn Ehrlenspiel vom Goldmann Verlag – er hat es aus mir »rausgekitzelt«.

Mein Dank auch an Frau Mohrfeldt und Frau Fallwickl aus dem Lektorat. Sie machen meine Sprache lesbar.

Inspiriert wurde ich immer wieder von folgenden Büchern:

Chamelie Ardagh: Komm dir näher, Kamphausen 2008.
Angela Fischer: Frau sein, sensibel und stark, Crotona 2010.
Luisa Francia: Frauenkraft, Frauenweisheit, Nymphenburger 2014.
Chris Griscom: Der weibliche Weg, Schirner 2006.
Diana Richardson: Zeit für Weiblichkeit, Innenwelt 2009.

Übersicht der Frauengeschichten

Übersicht der Rituale und Übungen

Unsere Leseempfehlung

DANIELA HUTTER

Mach dein Leben hell

Lichtvolle Wege aus der Schwere des Seins

GOLDMANN

224 Seiten
Auch als E-Book
erhältlich

Blockiert von Mustern, Begrenzungen und negativen Gedanken, schleppen viele von uns sich durch einen grauen Alltag, in dem wir von der Fülle des Lebens abgeschnitten sind. Doch wie können wir heller, lichter, leichter leben? Die Tiroler Bewusstseinstrainerin Daniela Hutter plädiert für eine praktische, gelebte Spiritualität jenseits kurzfristiger Wow-Effekte: Meditation, vegane Ernährung, die Kommunikation mit der geistigen Welt und ein intensiver Kontakt mit der Natur sind die Eckpfeiler eines Bewusstseinsprozesses, der die innere Verbindung zu uns selbst wieder herstellt und die eigene Schöpferkraft erschließt.

www.goldmann-verlag.de
www.facebook.com/goldmannverlag

 GOLDMANN

Lesen erleben

Um die ganze Welt des GOLDMANN
Body, Mind & Spirit Programms
kennenzulernen, besuchen Sie uns doch
im Internet unter:

www.goldmann-verlag.de

Dort können Sie
nach weiteren interessanten Büchern *stöbern*,
Näheres über unsere *Autoren* erfahren,
in *Leseproben* blättern, alle *Termine* zu Lesungen und
Events finden und den *Newsletter* mit interessanten
Neuigkeiten, Gewinnspielen etc. abonnieren.

Ein *Gesamtverzeichnis* aller Goldmann Bücher finden
Sie dort ebenfalls.

Sehen Sie sich auch unsere *Videos* auf YouTube an und
werden Sie ein *Facebook*-Fan des Goldmann Verlags!

www.goldmann-verlag.de
www.facebook.com/goldmannverlag

 GOLDMANN
Lesen erleben